Dr. Oetker

heute mal Burger!

Dr. Oetker

heute mal Burger!

Dr. Oetker Verlag

Burgerformel: Buns + Patties + Beilagen = Lecker!

Profis nennen die Brötchen ‚buns‘ und die gegrillte Scheibe aus Rinder-hackfleisch ‚patty‘. Und sie machen ihre Burger lieber selbst – wer einmal eine der vielen Varianten mit Fleisch, Fisch, Gemüse und tollen Zutaten probiert hat, will garantiert keine Massenware mehr. Denn einem Nudel-Teriyaki-Hühnchen-Burger, Garnelen-Patties, Zucchini-Hirse-Frikadellen, Kokosnuss-Salat oder asiatischer Pflaumensauce kann man einfach nicht widerstehen ...

Einfach alles im Blick…

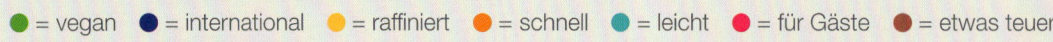

● = vegan ● = international ● = raffiniert ● = schnell ● = leicht ● = für Gäste ● = etwas teuer

Fleischburger

Klassische
Burger

Seite 10 | ● ●

Tex-Mex-
Quarterpounder

Seite 12 | ● ● ●

Cowboy-Steak-
Doppelburger

Seite 14 | ● ● ●

Cheeseburger

Seite 16 | ●

Burger
Hawaii

Seite 18 | ● ● ●

Oopsie Buns
mit Spicy Pork

Seite 20 | ● ● ●

Monte-Carlo-
Burger

Seite 22 | ● ● ● ●

Rote-Bete-
Burger

Seite 24 | ●

Alpen-
Burger

Seite 26 | ●

Lammburger

Seite 28 | ● ● ●

Rehburger

Seite 30 | ● ● ●

Cesar-Chicken-
Burger mit Bacon

Seite 32 | ● ● ● ●

Geflügelburger

Seite 34 | ● ●

Chicken-Burger
Hawaii mit Roh-
kostplatte

Seite 36 | ● ●

Nudel-Teriyaki-
Hühnchen-Burger

Seite 38 | ● ● ●

Pulled Chicken-
Burger

Seite 40 | ● ● ●

Fischburger

Schweden-
Burger

Seite 44 | ● ● ● ●

Backfisch-Burger
mit Erbsen-
remoulade

Seite 46 | ● ●

Sauerkraut-Kar-
toffel-Burger mit
Räucherlachs

Seite 48 | ●

Fischbulette
mit Gurkenrelish

Seite 50 | ● ●

Garnelen-Patties
in Maismehl-Buns

Seite 52 | ● ●

Lachs-Pancake-
Burger

Seite 54 | ● ●

Calamari-
Burger

Seite 56 | ● ●

Fischburger

Seite 58 | ●

Fischburger
mit Wasabicreme

Seite 60 | ● ● ●

Mini-Jakobsmu-
schel-Burger im
Pinien-Scone

Seite 62 | ● ● ● ●

Sushi-
Burger

Seite 64 | ● ● ● ●

Vegetarische Burger

Falafel-
Burger

Seite 68 | ● ● ●

Portobello-
Burger

Seite 70 | ● ●

Burger mit Kürbis-
schnitzeln, Brie
und Preiselbeeren

Seite 72 | ●

Zucchini-Hirse-
Frikadellen mit
Ziegenkäse-Creme

Seite 74 | ●

Tofu-Burger im
Sesam-French-Toast

Seite 76 | ● ●

Bohnenburger mit
gegrillten Tortillas

Seite 78 | ● ● ●

Pakora-
Burger

Seite 80 | ● ● ●

Ei-Halloumi-
Burger

Seite 82 | ● ●

Gemüse-Soja-
Burger

Seite 84 | ●

Was dazu – Salate, Beilagen, Buns

Asia-Mayonnaise/
Röstzwiebel-
Mayonnaise

Seite 88 | ● ●

Vegane Zitronen-
Pfeffer-Mayonnaise

Seite 90 | ● ●

Gurkenrelish/
Guacamole

Seite 92 | ● ● ● ●

Tahini-Aprikosen-
Joghurt/ Avocado-
Minze-Joghurt

Seite 94 | ● ● ●

Asiatische
Pflaumensauce/
Erbsen-Hummus

Seite 96 | ● ● ● ●

Tomaten-Salsa/
Avocado-Salsa

Seite 98 | ● ●

Hot-Chili-Barbecue-
sauce/ Chakalaka

Seite 100 | ● ●

Maismehl-Buns
mit Peperoni

Seite 102 | ● ●

Tandoori-
Buns

Seite 104 | ● ● ●

Klassische Burger-
Buns

Seite 106 | ● ●

Gelbe Kürbis-
Buns

Seite 108 | ● ●

Feine Sesam-
brötchen

Seite 110 | ● ●

Orientalische
Vollkorn-Brötchen

Seite 112 | ● ● ● ●

Kokosnuss-
Salat

Seite 114 | ● ● ●

Salat aus gegrilltem
Gemüse

Seite 116 | ● ●

Sweet Potatoe Fries
mit Zitrus-Salz/
Kartoffelspalten

Seite 118 | ● ● ●

Onion
Rings

Seite 120 | ● ● ●

Creamy Coleslaw/
Weißkohlsalat

Seite 122 | ● ● ●

Klassisch: Fleischburger

Hackfleischmasse zusammen-
mengen, würzen, formen, braten
oder grillen – so kann jeder zum
Burger-Meister werden.
Oder Fleisch vom Hühnchen,
Lamm und Reh zwischen die
Brötchen klemmen und mit
Bacon oder Cheese ergänzen.

Immer anders und immer gut!

Klassische Burger

4 Portionen | Pro Portion: E: **59** g, F: **40** g, Kh: **44** g, kJ: **3227**, kcal: **769**, BE: **3,5**

1 kg Rinderhackfleisch
2 kleine Zwiebeln
2 gestr. EL Salz
1 EL gem. oder
  geschroteter Pfeffer
4 Hamburgerbrötchen XXL
  (je etwa 75 g)

1 Fleischtomate
4 TL mittelscharfer Senf
4 TL Tomatenketchup
4 grüne Salatblätter (Eisberg-,
  Römer- oder Endiviensalat)

190 g gut abgetropfte Dillgurken
  in Scheiben (aus dem Glas)

1 Hackfleisch in eine Rührschüssel geben. Zwiebeln abziehen, in sehr kleine Würfel schneiden, zur Hackfleischmasse geben und gut unterarbeiten. Mit Salz und Pfeffer würzen. Aus der Hackfleischmasse mit angefeuchteten Händen 4 Burger von 2–3 cm Höhe formen.

2 Die Burger zugedeckt im Kühlschrank etwa 1 Stunde ruhen lassen und 15–20 Minuten vor dem Grillen herausholen – so behalten die Burger besser ihre Form.

3 Die Burger auf dem Grillrost (gefettet) des heißen Grills von beiden Seiten insgesamt 5–7 Minuten grillen.

4 Kurz bevor sie fertig sind, die Burgerbrötchen mit der Schnittseite nach unten auf dem Grill toasten.

5 Fleischtomate abspülen, trocken tupfen und in 4 dicke oder 8 dünne Scheiben schneiden, dabei den Stängelansatz entfernen.

6 Die unteren Brötchenhälften dann mit je 1 Teelöffel Senf und Ketchup bestreichen. Nacheinander abgespülte, trocken getupfte Salatblätter, die Burger, die Tomaten- und Gurkenscheiben und zuletzt die oberen Brötchenhälften darauflegen.

Tipp: Rinderhackfleisch enthält oftmals wenig Fett. Um dem Fleisch mehr Bindung zu geben, damit es beim Grillen nicht auseinanderfällt, zusätzlich Semmelbrösel oder 1 Ei unter die Hackfleischmasse kneten.

Tex-Mex-Quarterpounder

4 Portionen I Pro Portion: E: **38** g, F: **39** g, Kh: **44** g, kJ: **2841**, kcal: **678**, BE: **3,5**

500 g Rinderfilet
100 g Schalotten
1 Stängel Oregano
Salz
1 EL Paprikapulver rosenscharf

Für die Salsa:
75 g Cocktailtomaten
50 g Mango-Fruchtfleisch
½ Bund Koriander
75 g abgetropfter Gemüsemais
 (aus der Dose)
2 EL Limettensaft

4 EL Olivenöl
Salz
75 g Cheddar-Käse, im Stück
75 g Delikatessmayonnaise
Cayennepfeffer
4 Burger-Buns (je etwa 75 g)
4 schöne Blätter Eisbergsalat

1 Das Filet evtl. entsehnen und mit Küchenpapier abtupfen. Filet in ganz kleine Würfel schneiden und anschließend nochmals durchhacken. 75 g Schalotten abziehen und klein würfeln. Oregano abspülen und trocken tupfen. Blättchen von dem Stängel zupfen, Blättchen grob zerschneiden. Die vorbereiteten Zutaten in einer Schüssel mischen, mit Salz und Paprika würzen.

2 Aus der Masse 4 flache runde Platten (Ø etwa 13 cm) formen und leicht festdrücken.

3 Für die Salsa die restlichen Schalotten abziehen und klein würfeln. Die Cocktailtomaten abspülen, trocken tupfen und die Stängelansätze herausschneiden. Die Tomaten achteln. Mango-Fruchtfleisch in kleine Würfel schneiden. Koriander abspülen und trocken tupfen. Die Blättchen von den Stängeln zupfen. Die Hälfte der Blättchen klein schneiden. Die vorbereiteten Zutaten mit dem Gemüsemais, Limettensaft, 2 Esslöffeln Olivenöl und Salz mischen. Cheddar-Käse grob raspeln. Mayonnaise mit reichlich Cayennepfeffer pikant würzen.

4 Restliches Olivenöl in einer Grillpfanne erhitzen. Die Beef-Patties von jeder Seite bei starker Hitze etwa 2 Minuten braten.

5 Die Burger-Brötchen waagerecht durchschneiden und nach Belieben toasten. Die unteren Brötchenhälften zuerst mit der Mayonnaise bestreichen. Dann die abgespülten, trocken getupften Salatblätter, Beef-Patties, Cheddarraspel, Salsa und restliche Korianderblättchen darauflegen. Mit den oberen Brötchenhälften abschließen.

Tipp: Dazu passen Tacochips.

Cowboy-Steak-
Doppelburger

4 Portionen | Pro Portion: E: **48** g, F: **46** g, Kh: **71** g, kJ: **3727**, kcal: **890**, BE: **6,0**

- 75 g Delikatessmayonnaise
- 25 g Tomatenketchup
- 1 TL Zitronensaft
- Cayennepfeffer
- 75 g abgetropfte Gewürzgurken
- 150 g Tomaten

- 2 Rumpsteaks (je etwa 200 g)
- Salz
- gem. schwarzer Pfeffer
- 6 EL Speiseöl zum Braten
- 4 Eier
- 8 Scheiben Bacon (etwa 150 g)

- 6 Burger-Brötchen (je etwa 75 g)
- 8 EL Hot-Chili-Barbecuesauce
  (s. Rezept Seite 100)
- 4 schöne Blätter Kopfsalat

1 Mayonnaise mit Ketchup, Zitronensaft und reichlich Cayennepfeffer verrühren. Gewürzgurken in dünne Scheiben schneiden. Tomaten abspülen, trocken tupfen und die Stängelansätze herausschneiden. Tomaten in dünne Scheiben schneiden.

2 Den Backofen vorheizen. Ober-/Unterhitze: etwa 180 °C, Heißluft: etwa 160 °C

3 Die Rumpsteaks mit Küchenpapier abtupfen, mit Salz und Pfeffer würzen. Drei Esslöffel Speiseöl in einer großen, hitzebeständigen Pfanne erhitzen. Die Steaks darin von jeder Seite bei starker Hitze kurz und kräftig anbraten. Dann die Pfanne auf dem Rost in den vorgeheizten Backofen schieben. Die Steaks in **etwa 8 Minuten fertig garen.**

4 In der Zwischenzeit 2 Esslöffel des restlichen Speiseöls in einer Pfanne erhitzen. Die Eier vorsichtig aufschlagen und nebeneinander in das Fett gleiten lassen. Die Eier etwa 5 Minuten bei mittlerer Hitze braten, bis das Eiweiß fest ist. Eier mit Salz und Pfeffer würzen.

5 Gleichzeitig restliches Speiseöl in einer weiteren Pfanne erhitzen. Die Baconscheiben darin von beiden Seiten goldbraun und knusprig braten.

6 Die Pfanne aus dem Backofen nehmen. Die Steaks bis zum Anschneiden zugedeckt noch 1 Minute ruhen lassen.

7 Vier Brötchen werden einmal waagerecht halbiert, das sind später die unteren und oberen Brötchenhälften. Aus zwei Brötchen werden vier Scheiben geschnitten, davon sollten zuvor der gewölbte Deckel sowie der Boden abgeschnitten werden, sodass man vier gleichmäßige Scheiben

bekommt. Diese sind die Zwischendecks. Die Burgerbrötchen alle toasten.

8 Die Steaks in Scheiben schneiden. Die unteren Brötchenhälften mit der Barbecue-Sauce bestreichen. Mit abgespülten, trocken getupften Salatblättern belegen, darauf die Steakscheiben und Gurkenscheiben verteilen.

9 Die „Zwischendeck-Brötchenscheiben" darauflegen. Zuerst die Cocktailsauce (Mayonnaisensauce) daraufstreichen, dann die Tomatenscheiben, Spiegeleier und zuletzt die Baconscheiben daraufstapeln. Mit den oberen Brötchenhälften abschließen.

Tipp: Dazu passen Onionrings (frittierte Zwiebelringe s. Rezept Seite 120).

Cheeseburger

4 Portionen | Pro Portion: E: **37** g, F: **38** g, Kh: **30** g, kJ: **2561**, kcal: **612**, BE: **2,5**

400 g Hackfleisch (halb Rind-, halb Schweinefleisch)
2 Zwiebeln
1 Ei (Größe M)
Salz

gem. Pfeffer
10 g Butter
4 weiche Hamburger-Brötchen
4 TL Tomatenketchup
8 kleine Salatblätter

4 kleine Tomaten
2 abgetropfte Gewürzgurken
200 g (8 Scheiben) mittelalter Gouda

1 Hackfleisch in eine Rührschüssel geben. Zwiebeln abziehen und 1 Zwiebel davon fein reiben. Ei und die geriebene Zwiebel zum Hackfleisch geben und gut unterarbeiten. Mit Salz und Pfeffer würzen.

2 Aus dem Hackfleischteig mit angefeuchteten Händen 4 Burger in Größe der Brötchen formen.

3 Die Butter in einer Pfanne zerlassen. Die Burger darin von jeder Seite etwa 6 Minuten braten, herausnehmen und warm stellen.

4 Die restliche Zwiebel zuerst in Scheiben schneiden, dann in Ringe teilen, in die Pfanne geben und in dem verbliebenen Bratfett glasig dünsten.

5 Den Backofen vorheizen. Ober-/Unterhitze: etwa 220 °C, Heißluft: etwa 200 °C

6 Die Brötchen waagerecht durchschneiden. Die unteren Brötchenhälften mit Ketchup bestreichen.

7 Salatblätter abspülen und trocken tupfen. Je zwei Salatblätter auf den unteren Brötchenhälften verteilen.

8 Die Tomaten abspülen, trocken tupfen und die Stängelansätze herausschneiden. Tomaten in Scheiben schneiden. Die Gurken ebenfalls in Scheiben schneiden. Die Hälfte der Tomaten- und Gurkenscheiben sowie die Hälfte der Zwiebelringe auf den Salatblättern verteilen.

9 Die Burger auf die Gemüsescheiben setzen und 2 Käsescheiben darauflegen. Die restlichen Tomaten- und Gurkenscheiben sowie die Zwiebelringe darauf verteilen. Die oberen Brötchenhälften darauflegen.

10 Die Brötchen auf dem Rost in den vorgeheizten Backofen schieben. Die Cheeseburger **etwa 5 Minuten backen,** bis der Käse zu schmelzen beginnt.

11 Die Cheeseburger vom Rost nehmen und auf Tellern angerichtet servieren.

Burger Hawaii

4 Portionen I Pro Portion: E: **47** g, F: **66** g, Kh: **68** g, kJ: **4412**, kcal: **1055**, BE: **5,5**

Für die Burger:
etwa 600 g Gehacktes (halb
  Rind-/halb Schweinefleisch)
1 Zwiebel (etwa 100 g)
1 TL körniger Senf
1 TL Paprikapulver edelsüß
2 Eier (Größe M)
3 EL Semmelbrösel
2 EL klein geschnittene Petersilie
  (oder gefriergetrocknet)
2 EL Worcestersauce

Salz
gem. Pfeffer

Zum Garnieren:
3 rote Zwiebeln (etwa 300 g)
2 EL Speiseöl
1 Stängel Rosmarin
2 Lorbeerblätter
3 TL Zucker
2 EL Balsamico- oder
  Weißweinessig

2 EL Salatmayonnaise
3 EL Crème fraîche
2 EL körniger Senf
1 EL Currypulver oder
  Thai-Currypulver

4 frische Ananasscheiben (etwa
  1 cm dick, aus dem Kühlregal)
3–4 EL Speiseöl
4 Burgerbrötchen
4 Scheiben Cheddar-Käse

1 Für die Burger Gehacktes in eine Rührschüssel geben. Zwiebel abziehen, klein würfeln, mit Senf, Paprika, Eiern, Semmelbröseln, Petersilie und Worcestersauce gut unterarbeiten. Mit Salz und Pfeffer würzen.

2 Aus der Masse mit angefeuchteten Händen 4 große 1–1 ½ cm dicke Scheiben formen, fest andrücken. Die Hackfleischscheiben auf einer mit Frischhaltefolie ausgelegten Platte zugedeckt im Kühlschrank 30 Minuten ruhen lassen.

3 Zum Garnieren Zwiebeln abziehen, in etwas dickere Scheiben schneiden, dann in Ringe teilen. Öl in einer Pfanne erhitzen. Zwiebelringe darin mit abgespültem, trocken getupftem Rosmarin und Lorbeerblättern etwa 5 Minuten bei mittlerer Hitze braten. Dann Zucker mit in die Pfanne geben, karamellisieren. Mit

Essig ablöschen, mit Salz und Pfeffer würzen. Rosmarin und Lorbeerblätter entfernen.

4 Mayonnaise mit Crème fraîche, Senf und Curry verrühren, mit Salz und Pfeffer abschmecken.

5 Die Hackfleisch- und Ananasscheiben von beiden Seiten dünn mit Öl bestreichen und zusammen auf den Grillrost (gefettet) des heißen Grills bei mittlerer Hitze von jeder Seite **4–5 Minuten grillen.**

6 Vor dem Anrichten die Schnittflächen der Burgerbrötchen kurz mit auf dem heißen Grillrost anrösten.

7 Die unteren Burgerhälften mit der Senf-Curry-Creme bestreichen, mit Ananasscheiben und Burgern sowie dem Cheddar belegen. Zwiebelringe auf den Burgern verteilen, obere Brötchenhälften darauflegen.

Abwandlung:

Für **Sesamburger** (Titelrezept) die gegrillten Burger mit der Senf-Curry-Creme (mittelscharfen, nicht körnigen Senf verwenden), Salatblättern von ½ grünen Salat, Scheiben von ½ Salatgurke und 4 Tomaten sowie 300 g roten Zwiebelringen auf die unteren Sesambrötchenhälften schichten. Darauf je 1 Esslöffel Ketchup und Crème fraîche geben, mit Pfeffer und frischen Kräutern bestreuen, mit den oberen Brötchenhälften belegen.

Oopsie Buns
mit Spicy Pork

4 Portionen I Pro Portion: E: **32** g, F: **76** g, Kh: **9** g, kJ: **3517**, kcal: **841**, BE: **0,5**

Für die Buns:
4 Eier (Größe L)
150 g Doppelrahm-Frischkäse
Salz
2 gestr. TL Dr. Oetker Backin
1 EL Sesamsamen

100 g Frühlingszwiebeln

20 g frischer Ingwer
2 Knoblauchzehen
400 g Schweinehackfleisch
2 EL asiatisches Sesamöl
1 EL fein abgeriebene Schale von
  1 Bio-Limette (unbehandelt,
  ungewachst)
100 g Rotkohl

1 rote Zwiebel (etwa 50 g)
3 EL Speiseöl zum Braten
12 Thai-Basilikumblättchen
160 g Asia-Mayonnaise
  (s. Rezept Seite 88)

1 Den Backofen vorheizen. Ober-/Unterhitze: etwa 160 °C, Heißluft: etwa 140 °C

2 Für die Buns die Eier trennen. Eigelb mit Frischkäse verschlagen, leicht mit Salz würzen. Eiweiß mit 1 Prise Salz und Backpulver steif schlagen und unter die Frischkäsemasse heben. Die Frischkäsemasse in 8 Portionen teilen und auf ein Backblech (mit Backpapier belegt) setzen. Aus den einzelnen Portionen 8 gleich große Kreise (8–10 cm) formen und mit Sesam bestreuen. Das Backblech in den vorgeheizten Backofen (unteres Drittel) schieben. Die Buns **20–25 Minuten backen.**

3 Die gebackenen Buns vom Backblech nehmen und auf einem Kuchenrost erkalten lassen.

4 Frühlingszwiebeln putzen, abspülen, abtropfen lassen und klein würfeln. Ingwer schälen und ebenfalls in kleine Würfel schneiden. Knoblauch abziehen und durch eine Knoblauchpresse drücken.

5 Hackfleisch in eine Rührschüssel geben. Frühlingszwiebel-, Ingwerwürfel, Knoblauch, Sesamöl, Limettenschale und Salz hinzugeben und gut unterarbeiten. Aus der Hackfleischmasse mit angefeuchteten Händen 4 Patties (Hackfleischtaler) formen.

6 Rotkohl putzen, abspülen, abtropfen lassen und in sehr feine Streifen hobeln. Zwiebel abziehen, zuerst in sehr dünne Scheiben schneiden, dann in Ringe teilen.

7 Speiseöl in einer Pfanne erhitzen. Die Patties darin von jeder Seite etwa 5 Minuten goldbraun braten.

8 Die Basilikumblättchen abspülen und trocken tupfen. Vier Buns mit der Asia-Mayonnaise bestreichen. Dann die Patties, Rotkohlstreifen, Zwiebelringe und Basilikumblättchen daraufstapeln. Mit den restlichen Buns belegen und etwas andrücken.

Monte-Carlo-Burger

4 Portionen | Pro Portion: E: **52** g, F: **67** g, Kh: **70** g, kJ: **4547**, kcal: **1085**, BE: **5,5**

- 550 g Rinderfilet
- 4 abgetropfte Sardellenfilets in Öl
- 75 g Schalotten
- 20 g gut abgetropfte Kapern
- 40 g abgetropfte Cornichons
- 1 kleines Bund glatte Petersilie
- 4 Eigelb (Größe M)

- 4 TL Dijonsenf
- Salz
- gem. schwarzer Pfeffer
- 1 Handvoll gemischte Kräuter, z. B. Dill, Pimpinelle, Kerbel
- 1 TL Zitronensaft
- 1 EL Traubenkernöl

- 4 Burger-Buns (s. Rezept Seite 106)
- 2 EL Speiseöl zum Braten
- 8 Wachteleier
- 200 g Röstzwiebel-Mayonnaise (s. Rezept Seite 88)
- 4 EL Kaviar (etwa 40 g)

1 Das Rinderfilet entsehnen und enthäuten. Filet mit Küchenpapier abtupfen, in etwa 3 cm große Stücke schneiden und durch die mittlere Scheibe des Fleischwolfs drehen. Sardellen abspülen, trocken tupfen und fein hacken. Schalotten abziehen und sehr klein würfeln. Kapern fein hacken. Cornichons in sehr kleine Würfel schneiden.

2 Petersilie abspülen und trocken tupfen. Etwa 30 Blättchen von den Stängeln zupfen. Die Hälfte der Blättchen klein schneiden.

3 Das Tatar in eine Rührschüssel geben. Sardellen, Schalottenwürfel, Kapern, Cornichonwürfel, klein geschnittene Petersilie, Eigelb und Senf hinzugeben. Die Zutaten gut unterarbeiten. Mit Salz und Pfeffer würzen.

4 Aus der Tatarmasse mit einem Ausstechring 4 gleich große, runde Kreise formen und zugedeckt in den Kühlschrank stellen.

5 Die Kräuter abspülen und trocken tupfen. Die Spitzen bzw. Blättchen von den Stängeln zupfen. Die Kräuterblättchen bzw. -spitzen mit den restlichen Petersilienblättchen mischen. Die Kräuter mit Salz, Zitronensaft und Traubenkernöl marinieren.

6 Die Burgerbrötchen waagerecht durchschneiden und toasten. In der Zwischenzeit das Speiseöl in einer Pfanne erhitzen. Die Wachteleier vorsichtig aufschlagen und nebeneinander in das Fett gleiten lassen. Die Eier etwa 5 Minuten bei mittlerer Hitze braten, bis das Eiweiß fest ist. Eier mit Salz würzen.

7 Die unteren Burgerhälften zuerst mit der Röstzwiebel-Mayonnaise bestreichen, dann die Tatarkreise, Wachteleier, den Kaviar und zuletzt die Kräuterblättchen daraufstapeln. Mit den oberen Burgerhälften bedecken.

Tipp: Hackfleisch verdirbt leicht. Achten Sie daher beim Kauf unbedingt auf das Herstellerdatum. Ob Sie das Hackfleisch nun gekauft oder selbst im Fleischwolf hergestellt haben – Sie sollten es immer sofort oder innerhalb von 1 Tag weiterverarbeiten und bis zur Zubereitung im Kühlschrank bei maximal 4 °C lagern.

Rote-Bete-Burger

6 Portionen | Pro Portion: E: **24** g, F: **21** g, Kh: **35** g, kJ: **1787**, kcal: **426**, BE: **3,0**

- 220 g abgetropfte Rote Bete (aus dem Glas)
- 150 g Fetakäse
- 1 kleiner Topf Basilikum
- 375 g Rinderhackfleisch
- 1 Ei (Größe M)

- Salz
- gem. Pfeffer

- 6 große Salatblätter
- 3 Tomaten (etwa 150 g)
- ½ Gemüsezwiebel

- 6 Finn-Brötchen (Roggenmisch-Toastbrötchen, etwa 400 g)

Außerdem:
Grillschalen

1 Rote Bete und Fetakäse etwas kleiner schneiden, in eine Rührschüssel geben und grob pürieren. Basilikum abspülen und trocken tupfen. Die Blättchen von den Stängeln zupfen. Die Blättchen klein schneiden.

2 Das Rinderhackfleisch in eine Schüssel geben. Rote-Bete-Käse-Gemisch, Basilikum und Ei hinzugeben. Die Zutaten gut unterarbeiten. Mit Salz und Pfeffer würzen.

3 Aus der Hackfleischmasse mit angefeuchteten Händen 6 flache Burger in Größe der Brötchen formen. Diese in die Grillschalen (gefettet) legen.

4 Die Salatblätter abspülen und trocken tupfen oder trocken schleudern. Tomaten abspülen, trocken tupfen und in Scheiben schneiden, dabei die Stängelansätze heraus-schneiden. Zwiebel abziehen, halbieren und in dünne Scheiben schneiden.

5 Die Grillschalen auf den Grillrost des heißen Grills stellen. Die Burger etwa 30 Minuten grillen, dabei nach etwa der Hälfte der Grillzeit wenden. Die Finn-Brötchen waagerecht durchschneiden und kurz vor dem Ende der Burger-Grillzeit mit auf dem Grill anrösten.

6 Die unteren Brötchen-hälften zuerst mit je einem Salatblatt und dann mit den gegrillten Burgern belegen. Jeweils einige Tomaten- und Zwiebelscheiben darauf vertei-len. Die oberen Brötchenhälften darauflegen und die Burger sofort servieren.

Tipps: Die Burger mit einem kleinen Spieß feststecken. Die Burger können Sie etwa 3 Stunden vor dem Grillen zu-bereiten, formen und zugedeckt in den Kühlschrank stellen.

Alpen-Burger

4 Portionen | Pro Portion: E: **21** g, F: **41** g, Kh: **49** g, kJ: **2698**, kcal: **645**, BE: **4,0**

200 g Weißkohl
Salz
1 TL Kümmelsamen, ganz
2 EL Apfelessig
5 EL Sonnenblumenöl

gem. schwarzer Pfeffer
½ Bund Schnittlauch
3 EL süßer Senf
2 EL Sahnemeerrettich
4 Scheiben Leberkäse
  (je etwa 100 g)

4 Vinschgauer Fladenbrote zum
  Fertigbacken (je etwa 100 g)
4 schöne Blätter Kopfsalat

1 Weißkohl putzen, vierteln und den Strunk herausschneiden. Weißkohl abspülen, abtropfen lassen und in dünne Streifen hobeln. Weißkohlstreifen mit etwas Salz und Kümmel gut verkneten und etwa 30 Minuten ziehen lassen. Anschließend Essig, 3 Esslöffel Sonnenblumenöl und Pfeffer untermischen, evtl. nochmals mit Salz abschmecken.

2 Schnittlauch abspülen, trocken tupfen und in Röllchen schneiden. Senf und Meerrettich verrühren.

3 Restliches Sonnenblumenöl in einer großen Pfanne erhitzen. Den Leberkäse darin bei mittlerer Hitze von beiden Seiten goldbraun braten.

4 In der Zwischenzeit die Fladenbrote durchschneiden, nach Belieben leicht toasten, dann mit der Senf-Meerrettich-Sauce bestreichen.

5 Kopfsalatblätter abspülen und trocken tupfen. Den Leberkäse, Krautsalat und die Schnittlauchröllchen auf den unteren Fladenbrothälften verteilen. Mit den oberen Fladenbrothälften bedecken.

Tipp: Dazu passen Radieschen.

Lammburger

4 Portionen | Pro Portion: E: **53** g, F: **40** g, Kh: **55** g, kJ: **3465**, kcal: **827**, BE: **4,5**

- 1 kg Lammhackfleisch
- 1 Zwiebel
- 2 Knoblauchzehen
- 1 TL Sambal Oelek
- 2 gestr. EL Salz
- ½ EL geschroteter Pfeffer

- 400 g Krautsalat
  (aus dem Kühlregal)
- 1 Römersalatherz
- 4 Hamburger Brötchen XXL
  (je etwa 75 g)

- 1 geh. TL Zaziki
- 4 TL gut abgetropfte, schwarze
  oder grüne Olivenringe

1 Lammhackfleisch in eine Rührschüssel geben. Zwiebel abziehen und in sehr kleine Würfel schneiden. Knoblauch abziehen und durch eine Knoblauchpresse drücken.

2 Zwiebelwürfel, Knoblauch, Sambal Oelek, Salz und Pfeffer zur Hackfleischmasse geben und gut unterarbeiten.

3 Aus der Hackfleischmasse mit angefeuchteten Händen 4 Burger von 2–3 cm Höhe formen. Die Bratlinge zugedeckt im Kühlschrank etwa 1 Stunde ruhen lassen.

4 Die Bratlinge 15–20 Minuten vor dem Grillen herausholen – so behalten die Burger besser ihre Form.

5 In der Zwischenzeit den Krautsalat in einem Sieb gut abtropfen lassen. Römersalatherz längs halbieren und den Strunk keilförmig herausschneiden. Salat abspülen, trocken tupfen und in schmale Streifen schneiden.

6 Die Bratlinge auf den Grillrost (gefettet) des heißen Grills legen und von beiden Seiten insgesamt 5–7 Minuten grillen.

7 Die Brötchen waagerecht durchschneiden und kurz vor Ende der Grillzeit mit auf den heißen Grillrost legen und von beiden Seiten toasten.

8 Die unteren Brötchenhälften mit Zaziki bestreichen und die Salatstreifen darauf verteilen. Dann die gegrillten Bratlinge darauflegen und zuletzt den Krautsalat und die Olivenringe daraufschichten. Die oberen Brötchenhälften darauflegen und sofort servieren.

Tipps: Natürlich kann man auch diesen Burger tunen, indem man zusätzlich dünne Cocktailtomatenscheiben und zerbröselten Schafs- oder Fetakäse mit einschichtet.

Extra-Tipp: Wann ist das Fleisch gar? Drückt man einmal mit dem Finger oder mit der Grillzange kurz auf das Fleisch und es gibt nach, ist es noch roh. Wenn es zurückfedert geht es schon in Richtung „medium" oder rosa. Wenn es sich gummiartig anfühlt, ist es durch. Oder noch simpler, einfach einen Bratling anschneiden und reinschauen, wie rosa er ist.

Rehburger

4 Portionen I Pro Portion: E: **39** g, F: **44** g, Kh: **85** g, kJ: **3762**, kcal: **898**, BE: **7,0**

75 g durchwachsener Speck,
  im Stück
350 g Hirschkeule ohne Knochen
1–2 Zwiebeln (etwa 75 g)
1 Knoblauchzehe
20 g Butter
1 ½ Scheiben Weizentoastbrot
1 Ei (Größe M)
Salz

gem. schwarzer Pfeffer
ger. Muskatnuss

Für den Waldorfsalat:
75 g Knollensellerie
Salzwasser
40 g Delikatessmayonnaise
1 EL Schmand (Sauerrahm)
1 TL Zitronensaft
½ säuerlicher Apfel (etwa 50 g,

  z. B. Boskop oder Granny Smith)
50 g Walnusskerne

30 g Feldsalat
3 EL Speiseöl zum Braten
4 Kürbisbrötchen
(siehe Rezept Seite 108)
4 EL Wildpreiselbeeren
  (aus dem Glas)

1 Von dem Speck die
Schwarte abschneiden.
Den Speck in etwa 3 lange
Streifen schneiden. Von dem
Hirschfleisch die Sehnen abschneiden. Das Fleisch mit
Küchenpapier abtupfen und in
etwa 3 cm große Stücke schneiden. Speckstreifen und Hirschfleisch durch die feine Scheibe
des Fleischwolfs drehen.

2 Zwiebeln abziehen und
fein würfeln. Knoblauch
abziehen und durch eine Knoblauchpresse drücken. Butter in
einer kleinen Pfanne zerlassen.
Die Zwiebelwürfel und den
Knoblauch darin andünsten.
Die Toastbrotscheiben grob
würfeln und im Blitzhacker fein
zerbröseln. Das Hackfleisch
in eine Rührschüssel geben.
Zwiebel-Knoblauch-Mischung,
Brotbrösel und Ei hinzugeben
und gut unterarbeiten. Mit
Salz, Pfeffer und Muskat würzen. Aus der Hackfleischmasse

mit angefeuchteten Händen
4 flache Hackfleischtaler formen und zugedeckt in den
Kühlschrank stellen.

3 Für den Waldorfsalat
Sellerie putzen, schälen,
abspülen und abtropfen lassen.
Sellerie zuerst in sehr dünne
Scheiben, dann in feine Streifen
schneiden. Die Selleriestreifen in kochendem Salzwasser
2–3 Minuten blanchieren. Mit
einer Schaumkelle heraus-
nehmen, mit kaltem Wasser
abschrecken und in einem Sieb
gut abtropfen lassen. Mayonnaise, Schmand und Zitronensaft verrühren. Mit Salz und
Pfeffer würzen. Die Apfelhälfte
schälen, entkernen, zuerst in
sehr dünne Scheiben, dann in
feine Stifte schneiden. Walnusskerne klein hacken.

4 Selleriestreifen, Apfelstif-
te und Walnusskerne mit
der Mayonnaise vermischen.

Feldsalat verlesen und die Wur-
zelenden abschneiden. Feldsalat gründlich waschen und
trocken tupfen oder trocken
schleudern.

5 Speiseöl in einer Pfanne
erhitzen. Die Fleischtaler
darin von jeder Seite etwa
4 Minuten goldbraun braten.

6 Kürbisbrötchen waagerecht durchschneiden.
Die unteren Brötchenhälften
mit den Wildpreiselbeeren
bestreichen. Dann die Hälfte
des Feldsalates, die Fleischtaler,
den Waldorfsalat und dann den
restlichen Feldsalat daraufstapeln. Die oberen Brötchenhälften darauflegen.

Cesar-Chicken-Burger
mit Bacon

4 Portionen | Pro Portion: E: **42** g, F: **67** g, Kh: **65** g, kJ: **4291**, kcal: **1025**, BE: **5,5**

Für die Cesar-Mayonnaise:
2 Knoblauchzehen
1 Ei (Größe M, Zimmertemperatur)
Salz
gem. schwarzer Pfeffer
1 EL Dijonsenf

1 EL Zitronensaft
240 ml Sonnenblumenöl
  (Zimmertemperatur)
4 Maismehl-Buns (s. Rezept
  Seite 102)
4 EL Olivenöl

4 schöne Blätter Römersalat
50 g Parmesan, im Stück
2 Hühnchenbrustfilets (je etwa
  175 g)
1 EL Paprikapulver edelsüß
8 Scheiben Bacon (etwa 150 g)

1 Für die Cesar-Mayonnaise die Knoblauchzehen abziehen und 1 Knoblauchzehe fein schneiden. Ei mit Knoblauch, Salz, Pfeffer, Senf und Zitronensaft in einen hohen Rührbecher geben. 200 ml Sonnenblumenöl hinzugeben. Den Pürierstab auf den Boden des Rührbechers geben, einschalten und langsam nach oben ziehen.

2 Die Maismehl-Buns waagerecht durchschneiden. Restlichen Knoblauch abziehen, durch eine Knoblauchpresse drücken und mit Olivenöl verrühren. Die Innenflächen der Buns damit bestreichen und mit der bestrichenen Seite nach oben auf ein Backblech legen.

3 Salatblätter abspülen, trocken tupfen und in Streifen schneiden. Parmesan in dünne Blättchen hobeln.

4 Hühnchenbrustfilets mit Küchenpapier abtupfen, mit Salz und Paprika einreiben. 3 Esslöffel des restlichen Sonnenblumenöls in einer Pfanne erhitzen. Die Hühnchenbrustfilets hineinlegen und bei mittlerer Hitze etwa 5 Minuten braten, dann wenden und noch weitere etwa 5 Minuten braten. Die Baconscheiben in einer Pfanne im restlichen Sonnenblumenöl bei mittlerer Hitze von beiden Seiten goldbraun und knusprig braten.

5 In der Zwischenzeit den Backofengrill vorheizen.

6 Das Backblech mit den Buns unter dem vorgeheizten Backofengrill **kurz goldbraun rösten.** Die Hühnchenbrustfilets in dünne Scheiben schneiden.

7 Untere Bunhälften mit der Hälfte der Cesar-Mayonnaise bestreichen, dann die Hühnchen-, Baconscheiben, Römersalatstreifen und Parmesanblättchen daraufstapeln. Mit den oberen Bunhälften belegen.

Tipp: Die restliche Cesar-Mayonnaise (etwas zu viel für 4 Burger, aber unter 1 Ei nicht zu machen) z. B. mit etwas Milch verdünnen und als Salatsauce verwenden.

Geflügelburger

4 Portionen | Pro Portion: E: **33** g, F: **19** g, Kh: **44** g, kJ: **1994**, kcal: **476**, BE: **3,5**

2 kleine Möhren (je etwa 70 g)
1 Zwiebel (etwa 80 g)
500 g Geflügelhackfleisch
   (Hähnchen oder Pute)
135 g abgetropfter Gemüsemais
   (aus der Dose)

1 Ei (Größe M)
Salz
gem. Pfeffer
1 kleiner Kopfsalat (etwa 200 g)
4 Hamburger-Brötchen
   (je etwa 50 g)

2 EL Speiseöl, z. B. Sonnenblumenöl
180 ml Hot Chilisauce
   (aus der Flasche)

1 Möhren putzen, schälen, abspülen, abtropfen lassen und in kleine Würfel schneiden. Zwiebel abziehen und ebenfalls klein würfeln.

2 Geflügelhackfleisch in eine Rührschüssel geben. Möhren-, Zwiebelwürfel, Mais und Ei hinzufügen und gut unterarbeiten. Mit Salz und Pfeffer würzen. Aus der Hackfleischmasse mit angefeuchteten Händen 4 flache Burger in Größe der Brötchen formen und beiseitelegen.

3 Vom Salat die äußeren, welken Blätter entfernen. Salatblätter vorsichtig vom Strunk lösen, gründlich abspülen, gut abtropfen lassen und trocken tupfen. Die Brötchen waagerecht halbieren.

4 Die beiseitegelegten Burger mit Speiseöl bestreichen und auf den Grillrost des heißen Grills legen und unter Wenden etwa 10 Minuten grillen. Die Brötchenhälften mit der Schnittfläche nach unten ebenfalls auf den heißen Grillrost legen und etwa 5 Minuten grillen.

5 Die unteren Brötchenhälften zuerst mit den Salatblättern, dann mit den Burgern belegen. Jeweils 1 Esslöffel Chilisauce darauf verteilen. Die oberen Brötchenhälften darauflegen und sofort servieren. Restliche Chilisauce dazureichen.

Tipp: Geflügelburger zusätzlich mit dünnen Gurken-, Tomaten- und Käsescheiben belegen.

Chickenburger Hawaii
mit Rohkostplatte

4 Portionen | Pro Portion: E: **35** g, F: **10** g, Kh: **70** g, kJ: **2176**, kcal: **521**, BE: **6,0**

6 mittelgroße Möhren
1 frische Ananas (geschält und
  ohne Strunk, aus dem Kühlregal)
Saft von ½ Zitrone
1 EL flüssiger Honig
gem. Piment
gem. Koriander

1 EL Walnussöl
4 dünne Scheiben Hähnchen-
  brustfilet (je etwa 100 g)
Salz
gem. Pfeffer
Paprikapulver edelsüß

1 TL Sonnenblumenöl
4 Roggenbrötchen
50 g ger. Käse
4 Salatblätter
4 TL Tomatenketchup
  oder -salsa

1 Möhren putzen, schälen, abspülen und raspeln. Ananas in Scheiben schneiden. 4 Ananasscheiben beiseitelegen, die restlichen Ananasscheiben auf einer Salatplatte verteilen. Möhrenraspel daraufgeben.

2 Aus Zitronensaft, Honig, Gewürzen und Walnussöl eine Marinade rühren. Marinade auf der Möhrenrohkost verteilen.

3 Hähnchenbrustfilets mit Küchenpapier abtupfen, mit Salz, Pfeffer und Paprika würzen. Das Sonnenblumenöl in einer Pfanne erhitzen. Die Hähnchenfilets darin von beiden Seiten 2–3 Minuten knusprig braun braten.

4 Den Backofengrill vorheizen.

5 Die Brötchen auf-, aber nicht durchschneiden, aufklappen und auf ein Backblech legen. Auf die unteren Hälften jeweils 1 Hähnchenfilet und 1 Scheibe von der beiseitegelegten Ananas legen. Belegte Brötchenhälften mit Käse bestreuen.

6 Die Brötchen unter dem vorgeheizten Backofengrill **2–3 Minuten gratinieren.**

7 Das Backblech auf einen Kuchenrost stellen. Die Salatblätter abspülen, trocken tupfen und auf die oberen Brötchenhälften legen. Ketchup oder Salsa darauf verteilen. Die Brötchen zuklappen und den Chickenburger zur Rohkostplatte servieren.

Rezeptvariante:

Für **Schweinefilet-Burger**

400 g gebratenes Schweinefilet in Scheiben schneiden. Ein Drittel von 1 Salatgurke abspülen, abtrocknen und in Scheiben hobeln. 2 Tomaten abspülen, abtrocknen und die Stängelansätze herausschneiden. Tomaten in Scheiben schneiden. Je 4 Salatblätter, Basilikumblätter und 3 Esslöffel Sprossen abspülen und gut abtropfen lassen. 4 Körnerbrötchen aufschneiden, mit je 1 Salatblatt, Tomaten-, Gurken- und Fleischscheiben belegen. Je 1 Esslöffel Joghurt-Salatcreme und 1 gehäuften Teelöffel Salsa darauf verteilen und mit Sprossen, Basilikum und Brötchendeckeln belegen.

Nudel-Teriyaki-Hühnchen-Burger

4 Portionen | Pro Portion: E: **47** g, F: **42** g, Kh: **60** g, kJ: **3433**, kcal: **818**, BE: **5,0**

- 200 g Mie-Nudeln
- 15 g frischer Ingwer
- 550 g Hühnchenbrustfilet ohne Haut
- 5 EL Sake (Reiswein)
- 4 EL Sojasauce
- 6 EL Mirin (süßer Reiswein)
- 4 TL Zucker
- 75 g frische Shiitakepilze
- 11 EL Speiseöl zum Braten
- 75 g Tomatenketchup
- 1 EL asiatisches Sesamöl
- evtl. Tabasco
- 1 Frühlingszwiebel (etwa 50 g)
- 75 g schöne Chinakohlblätter
- 3 Eier (Größe M)
- 4 EL Sesamsamen
- Salz
- 16 Thai-Basilikumblättchen

1 Nudeln nach Packungsanleitung zubereiten, dann in einem Sieb abtropfen und erkalten lassen. Ingwer schälen und klein würfeln.

2 Hühnchenbrustfilet mit Küchenpapier abtupfen und in etwa 2 cm breite Scheiben schneiden. Mit Ingwer, Sake, Sojasauce, Mirin und Zucker vermischen und etwa 30 Minuten marinieren.

3 Von den Shiitakepilzen die Stiele abschneiden. Shitakepilze kurz unter fließendem kalten Wasser abspülen, trocken tupfen und in kleine Würfel schneiden. Zwei Esslöffel Speiseöl in einer Pfanne erhitzen. Die Pilzwürfel darin von allen Seiten goldbraun braten. Die Pilze abkühlen lassen, dann mit Ketchup, Sesamöl und evtl. Tabasco mischen. Frühlingszwiebel putzen, abspülen, abtropfen lassen und schräg in sehr feine Scheiben schneiden. Frühlingszwiebelscheiben

bis zur Verwendung in kaltes Wasser legen. Chinakohlblätter abspülen, trocken tupfen und in feine Streifen schneiden.

4 Den Backofen vorheizen. Ober-/Unterhitze: etwa 100 °C, Heißluft: etwa 80 °C

5 Die Eier in einer Schüssel verschlagen, mit Sesam und den gegarten Nudeln mischen, mit Salz würzen.

6 Je 4 Esslöffel des restlichen Speiseöls in zwei großen Pfannen erhitzen. Aus der Nudelmasse 8 Nester formen und in den Pfannen bei mittlerer Hitze von beiden Seiten goldbraun braten. Die Nudelnester auf eine Platte legen und auf dem Rost in dem vorgeheizten Backofen warmhalten.

7 Die marinierten Fleischscheiben in einem Sieb abtropfen lassen und die Marinade auffangen. Restliches Speiseöl in einer großen Pfanne erhitzen. Die Fleischscheiben darin bei starker Hitze unter Rühren kräftig anbraten. Die Marinade hinzugießen und unter Rühren so lange weitergaren, bis die Marinade komplett eingekocht ist.

8 Vier Nudelnester mit dem Shiitake-Ketchup, den Fleischscheiben, Chinakohlstreifen, abgetropften Frühlingszwiebelscheiben und abgespülten, trocken getupften Thai-Basilikumblättchen aufstapeln. Anschließend mit den restlichen Nudelnestern abschließen.

Pulled Chicken-Burger

4 Portionen | Pro Portion: E: **42** g, F: **37** g, Kh: **52** g, kJ: **2951**, kcal: **706**, BE: **4,5**

4 Hähnchenschenkel
  (je etwa 250 g)
Salz
100 g Eisbergsalat

100 g Hot-Chili-Barbecuesauce
  (s. Rezept Seite 100)
4 Burger-Brötchen (je etwa 75 g)

½ Rezept (etwa 300 g) Creamy
  Coleslaw (s. Rezept Seite 122)

1 Den Backofen vorheizen. Ober-/Unterhitze: etwa 200 °C, Heißluft: etwa 180 °C

2 Hähnchenschenkel mit Küchenpapier abtupfen und mit Salz würzen. Hähnchenschenkel auf ein Backblech (mit Backpapier belegt) legen. Das Backblech in den vorgeheizten Backofen schieben. Die Hähnchenschenkel **etwa 45 Minuten goldbraun backen.**

3 Den Eisbergsalat putzen, abspülen und abtropfen lassen. Die Blätter in Größe der Brötchen zupfen.

4 Die goldbraun gebackenen Hähnchenschenkel vom Backblech nehmen und so heiß wie möglich in kleine Stücke zupfen. Dabei nach Belieben die Haut mit verwenden. Das Hähnchenfleisch mit der Barbecue-Sauce mischen.

5 In der Zwischenzeit die Brötchen waagerecht durchschneiden und toasten. Die unteren Brötchenhälften mit dem Pulled Chicken und Coleslaw belegen. Mit den oberen Brötchenhälften bedecken.

Tipp: Dazu passen Sourcream-Chips und Silberzwiebeln.

Maritim: Fischburger

Langweilige Fischbrötchen waren gestern: Heute kommen kleine Sushi-Burger, Mini-Jakobsmuschel-Burger im Pinien-Scone oder Sauerkraut-Kartoffel-Burger mit Räucherlachs auf den Tisch. Das sind Burger, die wirklich nach Meer schmecken!

Schweden-Burger

4 Portionen | Pro Portion: E: **14** g, F: **22** g, Kh: **50** g, kJ: **1900**, kcal: **456**, BE: **4,0**

- 100 g Rhabarber
- 200 g rote Zwiebeln
- 4 EL Zucker
- 4 EL Apfelessig
- 200 ml Apfelsaft

- 200 g Matjesfilets
- 5 Stängel Dill
- 125 g Crème fraîche
- Salz
- gem. schwarzer Pfeffer

- 75 g vorbereitete Radieschen
- 1 Beet Kresse
- 4 Burger-Brötchen (je etwa 50 g)

1 Rhabarber putzen, abspülen, abtropfen lassen, Stielenden und Blattansätze entfernen. Die Stangen in etwa ½ cm große Würfel schneiden. Zwiebeln abziehen, zuerst in dünne Scheiben schneiden, dann in Ringe teilen. Zucker in einer weiten Pfanne goldbraun schmelzen lassen.

2 Rhabarberwürfel und Zwiebelringe hinzugeben, kurz in dem Zucker wenden. Mit Essig und Apfelsaft ablöschen, zum Kochen bringen und bei schwacher bis mittlerer Hitze etwa 6 Minuten einkochen lassen, bis keine Flüssigkeit mehr vorhanden ist. Rhabarber-Zwiebel-Masse erkalten lassen.

3 Matjesfilets in etwa 2 cm breite Stücke schneiden. Dill abspülen und trocken tupfen. Die Spitzen von den Stängeln zupfen, die Spitzen klein schneiden. Matjestücke, Dill und Crème fraîche zur Rhabarber-Zwiebel-Masse geben und untermengen. Mit Salz und Pfeffer würzen.

4 Radieschen abspülen, trocken tupfen und in sehr dünne Scheiben hobeln. Kresse abspülen, trocken tupfen und vom Beet schneiden.

5 Burger-Brötchen waagerecht durchschneiden und toasten. Die unteren Brötchenhälften mit der Matjes-Rhabarber-Creme, Kresse und den Radieschenscheiben belegen. Die oberen Brötchenhälften darauflegen.

Backfisch-Burger
mit Erbsenremoulade

4 Portionen | Pro Portion: E: **27** g, F: **31** g, Kh: **52** g, kJ: **2492**, kcal: **595**, BE: **4,5**

75 g TK-Erbsen
Salzwasser
40 g durchwachsener Speck,
  in Scheiben
1 EL Speiseöl
¼ Bund Schnittlauch
75 g Delikatessmayonnaise
Salz
gem. schwarzer Pfeffer

50 g abgetropfte Senfgurken
  (aus dem Glas)
10 Stängel Dill
12 schöne Löwenzahn-
  Salatblätter
125 g Weizenmehl
1 Ei (Größe L)
100 ml helles Bier

4 Rotbarschfilets ohne Haut
  (je etwa 75 g, entgrätet)
1 EL fein abgeriebene Schale
  von 1 Bio-Zitrone (unbehandelt,
  ungewachst)
1 Eiweiß (Größe L)
etwa 1 ½ l Speiseöl
4 Weizenbrötchen

1 Die gefrorenen Erbsen etwa 5 Minuten in kochendem Salzwasser blanchieren, dann mit kaltem Wasser abschrecken und abtropfen lassen. Erbsen grob hacken. Den Speck fein würfeln. Speiseöl in einer kleinen Pfanne erhitzen. Die Speckwürfel darin knusprig auslassen, auf Küchenpapier abtropfen lassen. Schnittlauch abspülen, trocken tupfen und in feine Röllchen schneiden. Die vorbereiteten Zutaten mit der Mayonnaise vermischen, mit Salz und Pfeffer würzen.

2 Senfgurken in sehr dünne Scheiben schneiden. Dill abspülen und trocken tupfen. Die Spitzen von den Stängeln zupfen. Zwei Drittel der Dillspitzen klein schneiden. Löwenzahnblätter putzen, abspülen und trocken tupfen oder trocken schleudern.

3 Mehl mit Ei, Bier und gut der Hälfte des klein geschnittenen Dills zu einem glatten Teig verrühren, mit Salz und Pfeffer würzen.

4 Die Fischfilets kurz unter fließendem kalten Wasser abspülen, trocken tupfen, mit dem restlichen klein geschnittenen Dill und Zitronenschale einreiben. Das Eiweiß fast steif schlagen und unter den Teig heben.

5 Das Speiseöl in einem hohen Topf oder in der Fritteuse auf etwa 180 °C erhitzen. Die Fischfilets mit Salz würzen und durch den Teig ziehen, am Schüsselrand abstreifen und in dem siedenden Speiseöl 4–5 Minuten goldbraun backen, dabei einmal wenden. Die Fischfilets mit einer Schaumkelle herausnehmen und auf Küchenpapier abtropfen lassen.

6 Die Brötchen waagerecht durchschneiden und nach Belieben toasten. Die unteren Brötchenhälften zuerst mit etwas Erbsenremoulade, dann mit Löwenzahnblättern belegen. Den Backfisch, die Senfgurken, Dillspitzen und die restliche Erbsenremoulade daraufschichten. Mit den oberen Brötchenhälften bedecken.

Sauerkraut-Kartoffel-
Burger mit Räucherlachs

4 Portionen I Pro Portion: E: **20** g, F: **50** g, Kh: **36** g, kJ: **2928**, kcal: **700**, BE: **3,0**

200 g gut abgetropftes Sauerkraut
50 g Zwiebeln
50 g durchwachsener Speck
10 EL Speiseöl zum Braten
1 TL Kümmelsamen
150 ml Geflügel- oder Gemüse-
  brühe
Salz

gem. schwarzer Pfeffer
550 g mehligkochende Kartoffeln
Salzwasser
1 Ei (Größe M)
25 g Speisestärke
100 g rote Zwiebeln
1 EL Zucker
1 EL Weißweinessig

100 ml Weißwein
200 g Schmand (Sauerrahm)
2 EL Tafelmeerrettich (aus Tube
  oder Glas)
¼ Bund Schnittlauch
50 g Brunnenkresse
200 g Räucherlachs in Scheiben

1 Sauerkraut mit den Händen gut ausdrücken (sollten etwa 150 g sein). Zwiebeln abziehen und klein würfeln. Speck in kleine Würfel schneiden. 2 Esslöffel des Speiseöls in einer Pfanne erhitzen. Die Speckwürfel darin knusprig ausbraten. Zwiebelwürfel und Kümmel hinzugeben und kurz mitrösten. Dann das Sauerkraut hinzugeben, Brühe hinzugießen, mit Salz und Pfeffer würzen. Das Sauerkraut zum Kochen bringen und bei schwacher Hitze ohne Deckel kochen lassen, bis die ganze Flüssigkeit verdampft ist. Sauerkraut erkalten lassen.

2 Kartoffeln gründlich waschen, abtropfen lassen und zugedeckt in kochendem Salzwasser 20–25 Minuten kochen lassen. Die gegarten Kartoffeln abgießen, abdämpfen, pellen und sofort durch eine Kartoffelpresse drücken. Ei und Speisestärke unterarbeiten und das Sauerkraut unterkneten. Mit Salz und Pfeffer würzen. Aus der Sauerkraut-Kartoffel-Masse 8 Buletten formen.

3 Die Zwiebeln abziehen, zuerst in dünne Scheiben schneiden, dann in Ringe teilen. 4 Esslöffel des restlichen Speiseöls in einer Pfanne erhitzen. Die Zwiebelringe darin anbraten, mit Salz, Pfeffer und Zucker würzen. Mit Essig und Weißwein ablöschen, zum Kochen bringen und einkochen lassen, bis fast keine Flüssigkeit mehr vorhanden ist. Zwiebelmasse erkalten lassen.

4 Schmand mit Meerrettich verrühren und mit Salz würzen. Schnittlauch abspülen, trocken tupfen, in feine Röllchen schneiden und unter den Meerrettichschmand rühren. Brunnenkresse abspülen und trocken tupfen. Die Blättchen von den Stängeln zupfen.

5 Restliches Speiseöl in einer großen Pfanne erhitzen. Die Kartoffelburger darin von beiden Seiten goldbraun braten.

6 Auf 4 Kartoffelburgern zuerst den Meerrettichschmand verteilen, dann den Räucherlachs, die Zwiebelringe und zuletzt die Brunnenkresseblättchen daraufstapeln. Mit den restlichen Kartoffelburgern abschließen.

Fischbulette
mit Gurkenrelish

4 Portionen I Pro Portion: E: **36** g, F: **62** g, Kh: **51** g, kJ: **3775**, kcal: **903**, BE: **4,0**

450 g Seelachsfilet
350 ml Milch (3,5 % Fett)
Salz
75 g Schalotten
1 Bund glatte Petersilie
30 g Butter
1 TL fein abgeriebene Schale von
   1 Bio-Zitrone (unbehandelt,
   ungewachst)

3 Scheiben Weizentoast
   (etwa 75 g)
1 EL mittelscharfer Senf
25 g Crème fraîche
1 Eigelb (Größe M)
2 Eier (Größe M)
gem. weißer Pfeffer
50 g Friséesalat
50 g Weizenmehl

5 EL Speiseöl zum Braten
4 Vollkornbrötchen
175 g Röstzwiebel-Mayonnaise
   (s. Rezept Seite 88)
100 g Gurkenrelish
   (s. Rezept Seite 92)

1 Seelachsfilet kurz unter fließendem kalten Wasser abspülen, evtl. entgräten und in 2 Stücke schneiden. Die Milch mit etwas Salz in einem Topf aufkochen, die Fischfiletstücke hineinlegen und einmal aufkochen lassen. Den Topf von der Kochstelle nehmen. Die Fischstücke etwa 3 Minuten in der Milch ziehen lassen. Dann die Fischstücke mit einer Schaumkelle herausnehmen und auf Küchenpapier gut abtropfen lassen. Die Fischstücke etwas abkühlen lassen, dann grob zerpflücken und mit den Fingern fein zerkrümeln.

2 Schalotten abziehen und klein würfeln. Petersilie abspülen und trocken tupfen. Die Blättchen von den Stängeln zupfen, Blättchen klein schneiden. Die Butter in einem kleinen Topf zerlassen, Schalottenwürfel darin andünsten, Petersilie und Zitronenschale untermischen. Die Toastbrotscheiben grob würfeln und im Blitzhacker fein zerbröseln. Die Fischmasse mit 25 g der Toastbrösel, Schalottenmischung, Senf, Crème fraîche, Eigelb und 1 Ei verkneten, mit Salz und Pfeffer würzen. Aus der Masse mit angefeuchteten Händen 8 Buletten formen.

3 Den Friséesalat putzen, abspülen und trocken tupfen. Restliches Ei verschlagen. Die Buletten zuerst in Mehl wenden, dann durch das verschlagene Ei ziehen, am Schüsselrand abstreifen und zuletzt in den restlichen Toastbröseln wenden, Panade leicht andrücken.

4 Speiseöl in 2 Pfannen erhitzen. Die Buletten darin bei mittlerer Hitze von jeder Seite 4–5 Minuten goldbraun braten.

5 Die Brötchen waagerecht durchschneiden. Die unteren Brötchenhälften mit der Röstzwiebel-Mayonnaise bestreichen, dann Friséesalat, Buletten und Gurkenrelish daraufschichten. Die oberen Brötchenhälften darauflegen.

Garnelen-Patties
in Maismehl-Buns

4 Portionen I Pro Portion: E: **47** g, F: **28** g, Kh: **70** g, kJ: **3053**, kcal: **730**, BE: **6,0**

800 g Garnelen,
  ohne Kopf und Schale
½ rote Peperoni
½ Bund Koriander
2 EL Currypulver, mild
Salz

1 rote Paprikaschote (etwa 150 g)
25 g Baby-Leaf-Salatmischung
2–3 EL Speiseöl
8 EL Guacamole
  (siehe Rezept Seite 92)
4 Maismehl-Buns
  (siehe Rezept Seite 102)

Außerdem:
Backpapier
Speiseöl

1 Von den Garnelen den Darm entfernen. Garnelen kurz unter fließendem kalten Wasser abspülen, trocken tupfen und klein schneiden. Peperoni abspülen, trocken tupfen, entstielen, halbieren, entkernen und fein hacken. Koriander abspülen und trocken tupfen. Die Blättchen von den Stängeln zupfen, Blättchen grob zerschneiden.

2 Garnelen, Peperoni und Koriander mit Curry und Salz im Blitzhacker nicht zu fein pürieren. Aus der Masse mit angefeuchteten Händen 4 flache Burger formen und auf ein leicht mit Speiseöl bestrichenes Stück Backpapier legen.

3 Paprikaschote entstielen, abspülen, trocken tupfen und in Ringe schneiden, dabei die Kerne und weißen Scheidewände entfernen. Die Salatmischung putzen, abspülen, gut trocken schleudern oder trocken tupfen.

4 Speiseöl in einer Pfanne erhitzen. Die Garnelen-Burger darin bei starker Hitze von jeder Seite knapp 2 Minuten braten.

5 Die Maismehl-Buns waagerecht durchschneiden und toasten. Die unteren Brötchenhälften zuerst mit der Guacamole bestreichen, dann die Garnelen-Burger, Paprikaringe und Salatblätter daraufstapeln. Mit den oberen Brötchenhälften abschließen.

Lachs-Pancake-Burger

4 Portionen | Pro Portion: E: **25** g, F: **44** g, Kh: **27** g, kJ: **2522**, kcal: **603**, BE: **2,0**

25 g Baby-Leaf-Salate
100 g Salatgurke
50 g Frühlingszwiebeln
4 Lachsfilets ohne Haut
  (je etwa 75 g)
1 Knoblauchzehe
1 EL Chiliflakes

1 TL fein abgeriebene Schale
  von 1 Bio-Zitrone (unbehandelt,
  ungewachst)
1 EL Currypulver, scharf
5 EL Sonnenblumenöl
3 Eier (Größe M)
100 g Schmand (Sauerrahm)
Salz

65 g Weizenmehl
1 ½ gestr. TL Dr. Oetker Backin
125 g gegarter Basmatireis
  (etwa 45 g Rohgewicht)
1 EL schwarzer Sesamsamen
40 g Butter
100 g Sahnejoghurt

1 Die Salate putzen, abspülen und trocken schleudern oder trocken tupfen. Die Gurke schälen und die Enden abschneiden. Gurke längs vierteln, entkernen und in dünne Scheiben schneiden. Frühlingszwiebeln putzen, abspülen, abtropfen lassen und klein würfeln.

2 Lachsfilets kurz unter fließendem kalten Wasser abspülen und trocken tupfen. Knoblauch abziehen und durch eine Knoblauchpresse drücken. Knoblauch mit Chiliflakes, Zitronenschale, Curry und 3 Esslöffeln Sonnenblumenöl vermischen. Die Lachsfilets damit von beiden Seiten einreiben.

3 Die Eier trennen. Eigelb, Schmand und Salz in einer Schüssel glatt verrühren. Mehl mit Backpulver mischen und untermischen. Basmatireis, Sesam und Frühlingszwiebel-

würfel unterrühren, evtl. nachsalzen. Eiweiß steif schlagen und mit dem Schneebesen unterheben. Den Teig beiseitestellen.

4 Das restliche Sonnenblumenöl in einer weiten, beschichteten Pfanne erhitzen. Die Lachsfilets darin von jeder Seite etwa 2 Minuten bei mittlerer Hitze braten. Die Pfanne von der Kochstelle nehmen und mit einem Deckel verschließen. Die Lachsfilets darin 3–4 Minuten nachziehen lassen. Dann mit zwei Gabeln in kleine Stücke zupfen oder in Scheiben schneiden.

5 Den Backofen vorheizen. Ober-/Unterhitze: etwa 80 °C, Heißluft: etwa 60 °C

6 Aus dem beiseitegestellten Teig nacheinander insgesamt 8 Pancakes backen. Dafür etwas von der Butter in einer beschichteten Pfanne zer-

lassen. Den Teig portionsweise in die Pfanne geben und daraus Pancakes formen. Die Pancakes 2–3 Minuten bei schwacher bis mittlerer Hitze backen, bis der Teig etwas fest geworden ist. Dann die Pancakes wenden und wieder etwas Butter hinzugeben. Die Pancakes von der zweiten Seiten weitere 2–3 Minuten backen.

7 Die gebackenen Pancakes auf eine Platte legen, auf dem Rost in den vorgeheizten Backofen schieben und warmhalten.

8 Joghurt mit den Gurkenscheiben und Salz verrühren. 4 Pancakes mit dem Joghurt dick bestreichen, dann den Lachs und den Salat daraufstapeln. Mit den restlichen Pancakes belegen.

Calamari-Burger

4 Portionen | Pro Portion: E: **21** g, F: **27** g, Kh: **32** g, kJ: **1935**, kcal: **461**, BE: **2,5**

- 4 küchenfertige Tintenfischtuben
  (geputzt je etwa 80 g)
- 225 g Ciabatta
- 1 Knoblauchzehe
- 1–2 Stängel Rosmarin
- ½ Bund glatte Petersilie

- 11 EL Olivenöl
- 30 getrocknete Softtomaten
- ½ TL Fenchelsamen
- 125 g Mascarpone
  (ital. Frischkäse)

- Salz
- gem. schwarzer Pfeffer
- 250 g grüner Spargel
- 2–3 Stängel Basilikum

1 Die Tintenfischtuben abspülen, trocken tupfen und in etwa 1 cm breite Ringe schneiden.

2 Ciabatta zuerst waagerecht durchschneiden, dann in 8 gleich große Stücke schneiden. Knoblauch abziehen und durch eine Knoblauchpresse drücken. Rosmarin und Petersilie abspülen und trocken tupfen. Von dem Rosmarin die Nadeln von den Stängeln zupfen, klein schneiden und 1 Esslöffel abmessen. Von der Petersilie insgesamt 20 Petersilienblättchen abzupfen und klein schneiden. Knoblauch mit Rosmarin, der Hälfte der Petersilie und 4 Esslöffeln Olivenöl verrühren. Die Brotstücke damit bestreichen und auf ein Backblech (mit Backpapier belegt) legen.

3 Tomaten klein schneiden, mit Fenchel und Mascarpone zu einer feinen Paste mixen oder verrühren, mit Salz und Pfeffer würzen. Von dem Spargel das untere Drittel schälen und die unteren Enden abschneiden. Spargel abspülen, trocken tupfen und der Länge nach schräg in etwa ½ cm dicke Scheiben schneiden.

4 Vier Esslöffel des restlichen Olivenöls in einer Pfanne erhitzen. Die Spargelscheiben darin bei mittlerer Hitze etwa 4 Minuten knackig braten, mit Salz und Pfeffer würzen.

5 Den Backofengrill vorheizen.

6 Basilikum abspülen und trocken tupfen. Insgesamt 10 Blättchen von den Stängeln zupfen und klein schneiden. Das Brot unter dem vorgeheizten Backofengrill goldbraun rösten.

7 Restliches Olivenöl in einer weiten Pfanne erhitzen. Die Tintenfischringe darin von allen Seiten etwa 3 Minuten bei starker Hitze anbraten. Mit Salz würzen.

8 Die unteren Brotstücke mit der Tomatenpaste bestreichen, mit Spargelscheiben, restlicher Petersilie, Basilikum und Calamari belegen. Die oberen Brotstücke darauflegen.

Fischburger

4 Portionen | Pro Portion: E: **30** g, F: **32** g, Kh: **51** g, kJ: **2555**, kcal: **611**, BE: **4,0**

400 g Seelachsfilet
Salz
gem. weißer Pfeffer
4 Frühlingszwiebeln
1 EL klein geschnittene Petersilie
1 EL klein geschnittene Dillspitzen

1 Ei (Größe M)
Zitronensaft
Cayennepfeffer
2 EL Semmelbrösel
2 EL Speiseöl
1 EL Butter

1 rote Zwiebel
4 Körnerbrötchen (je etwa 65 g)
einige Salatblätter nach Belieben
4 EL Remoulade
4 EL Tomatenketchup

1 Das Seelachsfilet kurz unter fließendem kalten Wasser abspülen, trocken tupfen und grob würfeln. Mit Salz und Pfeffer würzen. Die Frühlingszwiebeln putzen, abspülen, abtropfen lassen und in etwa 1 cm große Stücke schneiden. Die Fischwürfel zusammen mit den Frühlingszwiebelstücken in eine Küchenmaschine geben und pürieren.

2 Petersilie, Dill und das Ei unter die Fischpüreemasse rühren, mit etwas Zitronensaft und Cayennepfeffer würzen.

3 Aus der Masse mit angefeuchteten Händen vier Fischburger formen und in den Semmelbröseln wenden.

4 Speiseöl in einer Pfanne erhitzen, Butter hinzugeben und zerlassen. Die Fischburger etwa 4 Minuten langsam von jeder Seite bei mittlerer Hitze braten.

5 In der Zwischenzeit die Zwiebel abziehen, zuerst in Scheiben schneiden, dann in Ringe teilen.

6 Die Brötchen waagerecht durchschneiden und die unteren Brötchenhälften mit abgespülten, trocken getupften Salatblättern belegen. Je einen Fischburger daraufsetzen. Mit Remoulade, Ketchup und Zwiebelringen toppen (garnieren) und jeweils mit den oberen Brötchenhälften belegen.

Tipp: Statt der Remoulade den Erbsen-Hummus von Seite 96 verwenden.

Fischburger
mit Wasabicreme

4 Portionen | Pro Portion: E: **48** g, F: **59** g, Kh: **53** g, kJ: **3893**, kcal: **930**, BE: **4,5**

Für die Wasabicreme:
200 g Salatmayonnaise
1 Tube Wasabi (43 g)
abgeriebene Schale und Saft von
  1 Bio-Limette (unbehandelt,
  ungewachst)
1 EL flüssiger Honig

Für die Fischburger:
etwa 750 g Lachsfilet, ohne Haut
  und Gräten, in 2–3 cm große
  Würfel geschnitten

3 Eiweiß (Größe M)
2 EL Fischsauce
  (aus dem Asialaden)
1 gestr. TL Salz
¼ TL Chiliflocken
1 rote Zwiebel, abgezogen
  und in kleine Würfel geschnitten
1 kleines Bund Dill,
  klein geschnitten
3–4 EL Semmelbrösel
2 EL Sonnenblumenöl

4 Kaisersemmeln (runde Brötchen)
  oder feine Sesambrötchen
  (s. Rezept Seite 110)
2 Handvoll geschnittener Salat,
  z. B. Eisbergsalat, Römersalat
  oder auch Friséesalat
370 g gut abgetropfte, eingelegte
  Rote-Bete-Scheiben
  (aus dem Glas)
4 TL geröstete Zwiebeln

1 Für die Creme die Mayonnaise mit Wasabi, Limettenschale, -saft und Honig glatt rühren.

2 Für die Fischburger die Lachswürfel in einer Küchenmaschine (oder einem Fleischwolf, gröbste Scheibe) in mehreren Intervallen grob zerkleinern.

3 Das Eiweiß zu leichtem Schnee schlagen, mit Fischsauce, Salz und Chiliflocken zur Lachsmasse geben und mit einigen weiteren Intervallen einarbeiten (Achtung: Masse soll dabei nicht zu Püree werden).

4 Alles aus der Küchenmaschine nehmen (Teigschaber) und Zwiebelwürfel, Dill und Semmelbrösel unter die Masse ziehen.

5 Die Masse evtl. mit Salz abschmecken und daraus mit angefeuchteten Händen 4 Frikadellen (etwa 2 cm dick und 9–10 cm im Durchmesser) formen. Die Frikadellen auf ein Backblech (gefettet) legen und zugedeckt 1–2 Stunden in den Kühlschrank stellen.

6 Frikadellen auf dem vorbereiteten Grill (direktes Grillen, mittlere Hitze, Grillrost gefettet) von jeder Seite 3–4 Minuten grillen.

7 Kurz vor Ende der Grillzeit der Fischburger die Brötchen halbieren und mit der Schnittseite nach unten schnell auf dem Grill rösten.

8 Die gerösteten Schnittseiten mit der Wasabicreme bestreichen. Auf die untere Hälften den geschnittenen Salat geben. Fischburger und Rote-Bete-Scheiben darauf anrichten, mit gerösteten Zwiebeln bestreuen und die oberen Brötchenhälften darauflegen. Evtl. mit einem kleinen Holzspieß fixieren und sofort servieren.

Tipp: Die restlichen Rote-Bete-Scheiben mit etwas Senf, Essig, Honig und Oliven- oder Traubenkernöl marinieren und mit einer Handvoll klein geschnittener Minze und Basilikum bestreuen.

Mini-Jakobsmuschel-
Burger im Pinien-Scone

8 Stück | Pro Portion: E: **11** g, F: **17** g, Kh: **18** g, kJ: **1114**, kcal: **266**, BE: **1,5**

- 125 g Weizenmehl
- 1 gestr. TL Dr. Oetker Backin
- Salz
- 40 g fein ger. Parmesan
- 45 g sehr kalte Butter
- 75 g Crème fraîche
- 30 g Pinienkerne
- 1 EL frische Thymianblättchen

- 25 g schwarze Oliven mit Stein
- ½ Knoblauchzehe
- 125 g abgetropfte weiße Bohnen
  (aus der Dose)
- 7 EL Olivenöl
- gem. schwarzer Pfeffer
- 3 Scheiben Bacon
  (Frühstücksspeck)

- 125 g Tomaten (Ø etwa 5 cm)
- 8 küchenfertige Jakobsmuscheln
  ohne Schale (je etwa 40 g)
- 1 TL fein abgeriebene Schale von
  1 Bio-Orange (unbehandelt,
  ungewachst)
- 8 schöne Basilikumblättchen

1 Den Backofen vorheizen. Ober-/Unterhitze: etwa 200 °C, Heißluft: etwa 180 °C

2 Mehl mit Backpulver, Salz und 30 g Parmesan in einer Rührschüssel mischen. Die Butter in Flöckchen mit den Fingern unterarbeiten, bis die Konsistenz grießähnlich ist. Crème fraîche, Pinienkerne und Thymianblättchen hinzugeben und mit den Händen zu einem streuseligen Teig verarbeiten.

3 Den Teig auf eine leicht bemehlte Arbeitsfläche geben und sanft zusammenformen. Anschließend mit der Teigrolle etwa 1½ cm dick ausrollen. Mit einer runden Ausstechform (Ø etwa 5 cm) 8 Scones ausstechen. Dabei den restlichen Teig immer wieder zusammendrücken. Die Scones auf ein Backblech (mit Backpapier belegt) legen und mit restlichem Parmesan bestreuen.

4 Das Backblech etwa 25 Minuten vor dem Servieren in den vorgeheizten Backofen schieben, Scones

22–25 Minuten goldbraun backen. Scones aus dem Ofen nehmen. Dann den Ofen auf 100 °C herunterschalten.

5 In der Zwischenzeit die Oliven vom Stein schneiden und grob hacken. Knoblauch abziehen und durch eine Knoblauchpresse drücken. Die Bohnen in ein Sieb geben, mit kaltem Wasser abspülen und gut abtropfen lassen. Bohnen sehr fein pürieren. Oliven, Knoblauch und 2 Esslöffel Olivenöl untermischen, mit Salz und Pfeffer würzen.

6 Speckscheiben in etwa 6 cm lange Stücke schneiden. Tomaten abspülen, trocken tupfen und die Stängelansätze herausschneiden. Tomaten in 8 Scheiben schneiden, mit Salz und Pfeffer bestreuen.

7 Zwei Esslöffel Olivenöl in einer Pfanne erhitzen. Die Tomatenscheiben darin kurz von beiden Seiten anbraten und im vorgeheizten Backofen warm halten. Die Speck-

stücke in der gesäuberten Pfanne in 1 Esslöffel erhitztem Olivenöl von beiden Seiten knusprig braten und ebenfalls im Backofen warm halten.

8 Die Muscheln kurz unter fließendem kalten Wasser abspülen, mit Küchenpapier trocken tupfen, mit Salz und Pfeffer würzen.

9 Restliches Olivenöl in einer weiteren Pfanne erhitzen. Die Jakobsmuscheln darin bei starker Hitze von jeder Seite etwa 2 Minuten goldbraun braten. Zuletzt die Orangenschale untermischen und alles durchschwenken.

10 Die gebackenen Scones waagerecht durchschneiden. Die unteren Sconehälften mit dem Bohnenpüree, den Tomatenscheiben, abgespülten, trocken getupften Basilikumblättchen, Jakobsmuscheln und Speckstücken belegen. Mit den oberen Sconehälften bedecken.

Sushi-Burger

12 Stück | Pro Stück: E: **4** g, F: **5** g, Kh: **21** g, kJ: **599**, kcal: **142**, BE: **1,5**

300 g Sushi-Reis
Meersalz
4 EL Reisessig
1 TL Zucker
2 EL Wasabipaste
40 g Delikatessmayonnaise

100 g ganz frisches Lachsfilet ohne Haut „Sushiqualität"
3 vorbereitete Radieschen (etwa 30 g)
1 EL abgetropfter, eingelegter Sushi-Ingwer (etwa 12 g)

1 Beet Daikonkresse
15 g Forellenkaviar
1 TL schwarzer Sesamsamen
50 ml Sojasauce

1 Den Reis in einem Sieb so lange mit kaltem Wasser abspülen, bis das Wasser klar abläuft. Reis sehr gut abtropfen lassen. Dann mit etwas Salz und 450 ml kaltem Wasser in einem Topf zum Kochen bringen. Den Reis zugedeckt etwa 20 Minuten bei schwacher Hitze kochen lassen. Den Topf von der Kochstelle nehmen. Den Reis zugedeckt noch etwa 10 Minuten ausquellen lassen.

2 Reisessig mit Zucker und etwas Salz leicht erwärmen, bis sich Zucker und Salz aufgelöst haben. Die Essig-Zucker-Lösung locker unter den heißen Reis mischen. Den Reis mit einem feuchten Tuch zudecken und erkalten lassen.

3 Aus der Reismasse mit angefeuchteten Händen 24 Burger-Brötchen ähnliche Teile formen. Die Hälfte davon mit Wasabipaste, die andere Hälfte mit Mayonnaise bestreichen.

4 Lachsfilet kurz unter fließendem kalten Wasser abspülen, gut trocken tupfen und evtl. vorhandene Gräten mit einer Pinzette herausziehen. Lachsfilet mit einem scharfen Messer in 12 dünne Scheiben schneiden.

5 Radieschen abspülen, trocken tupfen und in hauchdünne Scheiben hobeln. Sushi-Ingwer evtl. kleiner zupfen. Kresse abspülen, trocken tupfen und vom Beet schneiden.

6 Zwölf „Sushireis-Brötchen" mit dem Lachs, Ingwer, Radieschenscheiben und Daikonkresse stapeln und mit den restlichen „Sushireis-Brötchen" belegen. Forellenkaviar und Sesam darauf verteilen. Mit Sojasauce servieren.

Leicht: Vegetarische Burger

Es geht auch ohne Fleisch und Fisch: Zwischen Sesam-French-Toast oder Roggenbrötchen passen perfekt gesunde Variationen mit Kürbisschnitzeln, Brie und Preiselbeeren oder ein Ei-Halloumi-Burger. Zusammenklappen und zusammen genießen.

Falafel-Burger

4 Portionen | Pro Portion: E: **27** g, F: **42** g, Kh: **101** g, kJ: **3811**, kcal: **911**, BE: **8,5**

100 g Kichererbsen
100 g vorbereiteter Rotkohl
1 rote Zwiebeln (etwa 50 g)
1 EL Zitronensaft
1 EL Olivenöl
Salz
1 Frühlingszwiebel

je ¼ Bund Minze, Dill, glatte Petersilie und Koriander
100 g weiße Bohnen (aus der Dose)
gem. Pfeffer
1 EL gem. Kreuzkümmel (Cumin)
½ EL Dr. Oetker Backin

etwa 1 l Speiseöl
4 orientalische Vollkornbrötchen (s. Rezept Seite 112)
350 g Orientalischer Tahini-Aprikosen-Joghurt (s. Rezept Seite 94)

1 Die Kichererbsen etwa 12 Stunden in kaltem Wasser einweichen. Anschließend in einem Sieb gut abtropfen lassen.

2 Rotkohl abspülen, abtropfen lassen und in sehr dünne Streifen schneiden oder hobeln. Zwiebel abziehen, zuerst in dünne Scheiben schneiden, dann in Ringe teilen. Rotkohlstreifen mit Zwiebelringen, Zitronensaft, Olivenöl und Salz mischen und durchziehen lassen.

3 Frühlingszwiebel putzen, abspülen, abtropfen lassen und klein schneiden. Kräuter abspülen und trocken tupfen. Die Blättchen bzw. Spitzen von den Stängeln zupfen. Vier Minze- und Petersilienblättchen beiseitelegen. Restliche Blättchen bzw. Spitzen grob zerschneiden.

4 Die Bohnen in ein Sieb geben, mit kaltem Wasser abspülen und sehr gut abtropfen lassen. Bohnen mit den Kichererbsen, klein geschnittenen Frühlingszwiebeln, Kräutern, Salz, reichlich Pfeffer und Kreuzkümmel in der Küchenmaschine mit dem Schneidmesser sehr fein pürieren. Oder die Zutaten mit einem Pürierstab sehr fein pürieren. Backpulver in 2 Esslöffeln Wasser auflösen und mit den Händen gleichmäßig unter die Kichererbsenmasse arbeiten. Aus der Masse 12 glatte Kugeln formen.

5 Das Speiseöl in einer Fritteuse auf etwa 190 °C erhitzen. Falafel darin in 2–3 Portionen je 3–4 Minuten goldbraun frittieren, dabei einmal wenden. Anschließend mit einer Schaumkelle herausnehmen und auf Küchenpapier abtropfen lassen.

6 Die Brötchen waagerecht durchschneiden und nach Belieben toasten. Beiseitegelegte Minze- und Petersilienblättchen grob zerschneiden und unter den Rotkohlsalat mischen. Die Hälfte des Joghurts auf die Brötchenunterhälften streichen. Dann die Falafel, den Rotkohlsalat und den restlichen Joghurt daraufschichten. Mit den oberen Brötchenhälften bedecken.

Tipp: Falafel können auch im Bioladen fertig gekauft werden. Anstelle der orientalischen Vollkornbrötchen kann auch türkisches Fladenbrot verwendet werden.

Portobello-Burger

4 Portionen | Pro Portion: E: **19** g, F: **34** g, Kh: **46** g, kJ: **2366**, kcal: **567**, BE: **4,0**

4–5 Stängel Basilikum
1 Knoblauchzehe
150 g Fetakäse
150 g Crème fraîche
Salz

gem. schwarzer Pfeffer
75 g Rucola (Rauke)
400 g rote Paprikaschoten
4 Portobello-Pilze (große braune
  Champignons) (je etwa 100 g)
3 EL Aceto-Balsamico

5 EL Olivenöl
½ TL Fenchelsamen

8 Scheiben Kastenweißbrot
  (etwa 300 g)

1 Basilikum abspülen und trocken tupfen. 20 Blättchen von den Stängeln zupfen, Blättchen klein schneiden. Knoblauch abziehen und durch eine Knoblauchpresse drücken. Fetakäse mit Crème fraîche, Basilikum und Knoblauch in einen Rührbecher geben und mit einem Pürierstab fein mixen, mit Salz und Pfeffer würzen.

2 Den Backofen vorheizen. Ober-/Unterhitze: etwa 200 °C, Heißluft: etwa 180 °C

3 Rucola putzen und die dicken Stiele entfernen. Paprikaschoten vierteln, entstielen, entkernen und die weißen Scheidewände entfernen. Schotenviertel abspülen und abtropfen lassen. Pilze putzen, evtl. kurz abspülen und gut trocken tupfen.

4 Die Pilze mit den Stielen nach oben nebeneinander mit den Paprikavierteln auf ein Backblech (mit Backpapier belegt) legen. Mit Balsamico und Olivenöl beträufeln, mit Salz und Fenchel bestreuen. Das Backblech in den vorgeheizten Backofen schieben. Das Gemüse **etwa 20 Minuten garen.**

5 Die Brotscheiben in einer Grillpfanne oder unter dem vorgeheizten Backofengrill goldbraun rösten. Die Feta-Kräuter-Creme auf den Brotscheiben verteilen. Anschließend auf 4 Brotscheiben Paprikaviertel, Portobello und Rucola schichten. Mit den restlichen Brotscheiben bedecken.

Tipp: Dazu passen Süßkartoffel-Fries. (s. Rezept Seite 118)

Burger
mit Kürbisschnitzeln, Brie und Preiselbeeren

4 Portionen | Pro Portion: E: **24** g, F: **55** g, Kh: **82** g, kJ: **3827**, kcal: **915**, BE: **7,0**

700 g Hokkaido-Kürbis
Salzwasser
40 g Walnusskerne
2 EL frische Thymianblättchen
300 g Schmand (Sauerrahm)
Salz

gem. schwarzer Pfeffer
50 g Feldsalat oder Portulak
150 g Brie-Käse
2 Eier (Größe M)
50 g Weizenmehl
100 g Semmelbrösel

10 EL Speiseöl zum Braten

4 Burger-Buns (je etwa 75 g)
100 g Wildpreiselbeeren
(aus dem Glas)

1 Kürbis putzen, gründlich abspülen, abtropfen lassen und in etwa 1 cm dicke Scheiben schneiden. Die Kürbisscheiben in 16 gleich große Spalten schneiden, dabei die Kerne entfernen, nach Belieben schälen.

2 Kürbisspalten in etwas kochendem Salzwasser 3–4 Minuten blanchieren. Mit einer Schaumkelle herausnehmen, gut abtropfen und erkalten lassen.

3 Walnusskerne fein hacken. Thymianblättchen klein schneiden. Schmand mit Walnusskernen und Thymian verrühren, mit Salz und Pfeffer würzen. Feldsalat oder Portulak putzen, abspülen und trocken tupfen oder trocken schleudern. Brie in 8 gleich große Scheiben schneiden.

4 Eier verschlagen. Die Kürbisspalten zuerst in Mehl wenden, dann durch die verschlagenen Eier ziehen, am Schüsselrand abstreifen und zuletzt in Semmelbröseln wenden. Panade leicht andrücken.

5 Speiseöl in zwei großen Pfannen erhitzen. Die Kürbisspalten darin von beiden Seiten bei mittlerer Hitze goldbraun braten. Kürbisspalten herausnehmen und auf Küchenpapier abtropfen lassen.

6 In der Zwischenzeit Burger-Buns waagerecht durchschneiden und toasten. Die unteren Brötchenhälften mit Schmand, Kürbisschnitzeln, Feldsalat oder Portulak, Brie und Preiselbeeren belegen. Mit den oberen Brötchenhälften bedecken.

Zucchini-Hirse-Frikadellen
mit Ziegenkäse-Creme

4 Portionen | Pro Portion: E: **19** g, F: **39** g, Kh: **72** g, kJ: **2997**, kcal: **718**, BE: **6,0**

150 g Hirse
Salz
1 Döschen (0,1 g) Safranfäden
25 g Rosinen
1 Zwiebel (etwa 50 g)
150 g Zucchini
9 EL Speiseöl zum Braten
20 g gehobelte Mandeln

2 Eier (Größe M)
50 g Semmelbrösel
gem. schwarzer Pfeffer

125 g Ziegenfrischkäse
1 EL fein abgeriebene Schale von
  1 Bio-Orange (unbehandelt,
  ungewachst)

50 g Buttermilch
25 g Spinatsalat oder
  Baby-Spinat
25 g Portulak
75 g vorbereitete Mairübchen
  (ohne Grün)
4 Roggenbrötchen

1 Die Hirse in einem feinen Sieb gründlich mit heißem Wasser abspülen. Hirse in einen weiten Topf geben, mit 550–600 ml Wasser bedecken, mit etwas Salz würzen und Safran untermischen. Das Wasser bei mittlerer Hitze zum Kochen bringen. Die Hirse zugedeckt etwa 5 Minuten bei mittlerer Hitze kochen lassen. Anschließend noch etwa 15 Minuten bei schwacher Hitze ausquellen lassen, bis kein Wasser mehr vorhanden ist und sich kleine Krater gebildet haben. Etwa 10 Minuten vor Garzeitende die Rosinen daraufstreuen. Hirse erkalten lassen.

2 In der Zwischenzeit Zwiebel abziehen und klein würfeln. Zucchini abspülen, abtrocknen und die Enden abschneiden. Zucchini grob raspeln. 4 Esslöffel Speiseöl in einer Pfanne erhitzen. Die Zwiebelwürfel und Zucchiniraspel darin kräftig andünsten. Mandeln in einer Pfanne ohne Fett unter Rühren goldbraun rösten. Zucchini-Zwiebel-Mischung und Mandeln abkühlen lassen.

3 Die Hirse in eine Rührschüssel geben. Eier, Semmelbrösel, Zucchini-Zwiebel-Mischung und Mandeln hinzugeben und gut unterarbeiten. Mit Salz und Pfeffer würzen. Aus der Masse mit angefeuchteten Händen 4 Frikadellen formen.

4 Ziegenfrischkäse mit Orangenschale und Buttermilch glatt rühren. Mit Salz und Pfeffer würzen. Spinat und Portulak putzen und die dicken Stiele entfernen. Spinat und Portulak gründlich waschen, abtropfen lassen und trocken schleudern. Mairübchen schälen, abspülen, abtropfen lassen und in sehr dünne Scheiben schneiden.

5 Restliches Speiseöl in einer Pfanne erhitzen. Die Frikadellen darin von jeder Seite bei mittlerer Hitze etwa 5 Minuten goldbraun braten.

6 Die Brötchen waagerecht durchschneiden. Brötchenunterhälften mit der Ziegenkäsecreme bestreichen. Dann die Frikadellen, Mairübchenscheiben, Portulak und Spinat daraufschichten. Mit den oberen Brötchenhälften abschließen.

Tofu-Burger
im Sesam-French-Toast

4 Portionen | Pro Portion: E: **36** g, F: **51** g, Kh: **57** g, kJ: **3490**, kcal: **832**, BE: **4,5**

400 g Tofu, natur
4 EL asiatisches Sesamöl
4 EL Sojasauce
2 EL Sambal Oelek
50 g Frühlingszwiebeln
1 Möhre (etwa 75 g)

3 Eier (Größe M)
50 ml Milch (3,5 % Fett)
8 Scheiben Sandwich-Toastbrot
200 g Sesamsamen, geschält
12 EL Speiseöl zum Braten
150 g asiatische Pflaumensauce
    (s. Rezept Seite 96)

1 Beet Daikonkresse
½ Bund Koriander

1 Tofu in 4 Scheiben schneiden und in eine flache Schale legen. Sesamöl mit Sojasauce und Sambal Oelek verrühren, auf den Tofuscheiben verteilen und etwa 20 Minuten durchziehen lassen.

2 Frühlingszwiebeln putzen, abspülen und abtropfen lassen. Möhre putzen, schälen, abspülen und abtropfen lassen. Frühlingszwiebeln und Möhre in feine Streifen schneiden. Eier mit Milch in einer Schale verschlagen. Die Toastbrotscheiben zuerst durch die verschlagenen Eier ziehen, am Schalenrand abstreifen und dann in Sesam wenden, leicht andrücken.

3 Den Backofen vorheizen. Ober-/Unterhitze: etwa 100 °C, Heißluft: etwa 80 °C

4 Jeweils etwa 4 Esslöffel Speiseöl in 2 großen Pfannen erhitzen. Die Toastbrotscheiben darin bei mittlerer Hitze von beiden Seiten goldbraun braten, herausnehmen und auf Küchenpapier abtropfen lassen. Die Toastbrotscheiben auf einen mit Backpapier belegten Kuchenrost legen und im vorgeheizten Backofen warmhalten.

5 Restliches Speiseöl in einer Pfanne erhitzen. Die Tofuscheiben darin von beiden Seiten goldbraun braten.

6 In der Zwischenzeit Daikonkresse abspülen, trocken tupfen und abschneiden. Koriander abspülen und trocken tupfen. Etwa 20 Blättchen von den Stängeln zupfen.

7 Die Toastbrotscheiben zuerst mit der Pflaumensauce bestreichen. Dann auf 4 Toastbrotscheiben die Tofuscheiben, Frühlingszwiebel-, Möhrenstreifen, Daikonkresse und Korianderblättchen schichten. Mit je einer Toastbrotscheibe belegen.

Bohnenburger
mit gegrillten Tortillas

6 Portionen | Pro Portion: E: **20** g, F: **26** g, Kh: **67** g, kJ: **2483**, kcal: **593**, BE: **5,5**

Für den Mango-Avocado-Salat:
½ kleines Bund Petersilie
abgeriebene Schale und Saft von
 1 Bio-Limette (unbehandelt,
 ungewachst)
2 EL Olivenöl
1 EL flüssiger Honig
Salz
etwas Tabasco
1 Mango
1 Avocado
1 kleine Chilischote

Für die Bohnenburger:
100 g Bulgur
250 ml Wasser
1 gestr. TL Salz
240 g abgetropfte Kichererbsen
 (aus der Dose)
4 Eier (Größe M)
240 g abgetropfte Kidney-Bohnen
 (aus der Dose)
2 kleine Möhren (etwa 180 g)
1 Zwiebel (etwa 100 g)
1 EL Olivenöl
30 g Butter
Salz, gem. Pfeffer
2 Stängel Petersilie

1 Stängel Thymian
50 g Semmelbrösel
40 g Pinienkerne, gehackt
 und geröstet
2 gestr. TL Currypulver
1 Msp. Chilipulver
ger. Muskatnuss

etwas Weizenmehl
2 EL Olivenöl

1 kleines Romana-Salatherz
6 frische Tortillas

1 Für den Salat Petersilie abspülen und trocken tupfen. Blättchen von den Stängeln zupfen und klein schneiden. Petersilie mit Limettenschale und -saft in einer Schüssel verrühren. Olivenöl unterschlagen, mit Honig, Salz und Tabasco würzen.

2 Mango halbieren und das Fruchtfleisch vom Stein schneiden. Fruchtfleisch schälen und in kleine Würfel schneiden. Avocado halbieren und den Stein entfernen. Das Fruchtfleisch aus den Schalen lösen und in Würfel schneiden. Chilischote halbieren, entstielen, entkernen, abspülen, trocken tupfen und sehr klein würfeln. Mango-, Avocado- und Chiliwürfel zur Marinade geben und gut vermengen. Den Salat bis zum Anrichten zugedeckt durchziehen lassen.

3 Für die Bohnenburger Bulgur mit Wasser in einem Topf zum Kochen bringen, Salz hinzufügen. Bulgur zugedeckt etwa 7 Minuten bei schwacher Hitze kochen lassen (Packungsanleitung beachten), abkühlen lassen.

4 Kichererbsen mit den Eiern in eine Rührschüssel geben und pürieren. Zwei Drittel der Kidney-Bohnen mit einer Gabel zerdrücken.

5 Möhren putzen, schälen, abspülen, abtropfen lassen und grob raspeln. Zwiebel abziehen und klein schneiden. Olivenöl in einer Pfanne erhitzen, Butter darin zerlassen. Zwiebel und Möhren darin 2–3 Minuten leicht anbraten. Mit Salz und Pfeffer würzen.

6 Petersilie und Thymian abspülen und trocken tupfen. Blättchen von den Stängeln zupfen, Blättchen klein schneiden.

7 Bulgur, Kichererbsenpüree, Kidney-Bohnen, Kidney-Bohnenpüree, Möhren-Zwiebel-Masse, Semmelbrösel, Pinienkerne, klein geschnittene Kräuter, Curry und Chili in einer Schüssel mischen, mit Salz und Muskat abschmecken.

8 Aus der Masse mit bemehlten Händen 6 flache Burger formen. Die Burger dünn mit Olivenöl bestreichen und auf dem Grillrost (gefettet) des heißen Grills bei mittlerer Hitze von jeder Seite 4–5 Minuten grillen, dabei vorsichtig wenden.

9 Salatherz putzen, abspülen, trocken tupfen und in Streifen schneiden.

10 Die Tortillas kurz vor dem Servieren auf dem heißen Grillrost von jeder Seite etwa 15 Sekunden grillen.

11 Jeweils einen großen Esslöffel Mango-Avocado-Salat und einen Burger auf eine Tortillahälfte geben und die zweite Hälfte darüberklappen. Mit Salatstreifen garnieren.

Pakora-Burger

4 Portionen | Pro Portion: E: **20** g, F: **27** g, Kh: **102** g, kJ: **3087**, kcal: **738**, BE: **8,5**

2–3 Stängel Minze
300 g Sahnejoghurt
Salz
75 g Rettich
2 EL Rote-Bete-Saft
1 Möhre (etwa 75 g)

350 g mehligkochende Kartoffeln
Salzwasser
1 rote Zwiebeln (etwa 75 g)
2 grüne Peperoni (etwa 25 g)
½ Bund Koriander
50 g Kichererbsenmehl

35 g Maismehl
1 gestr. TL Dr. Oetker Backin
1 TL Fenchelsamen
etwa 1 l Speiseöl
4 Tandoori-Buns
  (s. Rezept Seite104)

1 Minze abspülen und trocken tupfen. 12 Blättchen von den Stängeln zupfen, die Blättchen klein schneiden, mit Joghurt mischen und mit Salz würzen. Rettich putzen, schälen, evtl. abspülen und abtropfen lassen. Rettich zuerst in dünne Scheiben, dann in schmale Streifen schneiden. Rote-Bete-Saft untermischen, sodass die Rettichstreifen Farbe annehmen.

2 Möhre putzen, schälen, abspülen, abtropfen lassen und ebenfalls in feine Streifen schneiden. Kartoffeln schälen, abspülen, abtropfen lassen und in etwa 4 cm große Würfel schneiden. Die Kartoffelwürfel zugedeckt in kochendem Salzwasser in etwa 15 Minuten gar kochen, abgießen, abdämpfen und durch eine Kartoffelpresse drücken. Zwiebel abziehen und klein würfeln. Die Peperoni abspülen, trocken tupfen, entstielen, halbieren, entkernen und sehr klein würfeln. Koriander abspülen und trocken tupfen. Die Blättchen von den Stängeln zupfen, Blättchen klein schneiden.

3 Kichererbsenmehl, Maismehl, Backpulver und Fenchel in einer Rührschüssel mischen. Kartoffelmasse, Zwiebel-, Peperoniwürfel und Koriander mit den Händen gleichmäßig untermischen, mit Salz würzen.

4 Speiseöl in einer Fritteuse auf etwa 180 °C erhitzen. Aus der Kartoffelmasse mit einem Esslöffel 16 Klößchen formen und in dem siedenden Speiseöl etwa 4 Minuten goldbraun ausbacken, dabei einmal wenden. Die Kartoffelklöße mit einer Schaumkelle herausnehmen und auf Küchenpapier abtropfen lassen.

5 Die Tandoori-Buns waagerecht durchschneiden und nach Belieben toasten. Auf den Brötchenhälften den Minzjoghurt verteilen. Dann die Gemüsestreifen und Pakoras (Kartoffelklöße) auf die unteren Brötchenhälften geben und die oberen Brötchenhälften darauflegen.

Tipp: Anstelle der Tandoori-Buns kann man auch Naan oder Pitabrot verwenden.

Ei-Halloumi-Burger

4 Portionen | Pro Portion: E: **32** g, F: **36** g, Kh: **36** g, kJ: **2491**, kcal: **594**, BE: **3,0**

- 4 Stängel Dill
- 200 g Sahnejoghurt
- Salz
- gem. schwarzer Pfeffer
- 4 kleine Blätter Radicchio

- 250 g Halloumi-Käse
- 6 EL Speiseöl zum Braten
- 4 Eier
- 15 g Alfalfasprossen
- 15 g Rote-Bete-Sprossen

- 4 Weizentoastbrötchen
  zum Aufbacken (je etwa 55 g)
- 160 g Gurkenrelish
  (s. Rezept Seite 92)

1 Dill abspülen und trocken tupfen. Die Spitzen von den Stängeln zupfen, Spitzen klein schneiden. Joghurt mit Dill verrühren, mit Salz und Pfeffer würzen. Die Radicchioblätter abspülen und trocken tupfen. Halloumi in 4 Scheiben schneiden und mit Küchenpapier trocken tupfen.

2 Die Hälfte des Speiseöls in einer Pfanne erhitzen. Die Käsescheiben darin von beiden Seiten bei starker Hitze braten.

3 Restliches Speiseöls in einer weiteren Pfanne erhitzen. Die Eier vorsichtig aufschlagen und nebeneinander in das Fett gleiten lassen. Die Eier etwa 5 Minuten bei mittlerer Hitze braten, bis das Eiweiß fest ist. Eier mit Salz und Pfeffer würzen.

4 In der Zwischenzeit die Alfalfasprossen und Rote-Bete-Sprossen verlesen, in ein Sieb geben, mit kaltem Wasser abspülen und gut abtropfen lassen. Die Brötchen waagerecht durchschneiden und toasten.

5 Die unteren Brötchenhälften mit Dilljoghurt, Radicchioblättern, Halloumischeiben, Gurkenrelish, Spiegeleiern und Sprossen belegen. Die oberen Brötchenhälften darauflegen.

Tipp: Dazu passen Gemüsechips aus der Tüte.

VEGAN

Gemüse-Soja-Burger

2 Stück | Pro Portion (2 Stück): E: **29** g, F: **19** g, Kh: **99** g, kJ: **2943**, kcal: **701**, BE: **8,0**

Für die Gemüse-Soja-Burger:
200 g mehligkochende Kartoffeln
1 Möhre (etwa 100 g)
Salzwasser
1–1 ½ EL Sojamehl (aus Reform-
   haus oder Naturkostladen)
Salz, gem. Pfeffer

1 EL Speiseöl,
   z. B. Sonnenblumenöl

Außerdem:
100 g Sojajoghurt
2 TL Schnittlauchröllchen

2 Roggenbrötchen (möglichst
   aus Vollkornmehl)
2 große Salatblätter,
   z. B. Kopfsalat oder Lollo Rosso
1 große Tomate
einige Schnittlauchröllchen

1 Für die Burger die Kartoffeln unter fließendem kalten Wasser abbürsten, knapp mit Wasser bedeckt, zugedeckt zum Kochen bringen und in etwa 20 Minuten gar kochen. Kartoffeln abgießen, mit kaltem Wasser abschrecken, abtropfen lassen. Kartoffeln noch warm pellen, dann mit einer Gabel fein zermusen.

2 In der Zwischenzeit die Möhre putzen, schälen, abspülen, abtropfen lassen und klein würfeln. Die Möhrenwürfel in einem kleinen Topf in kochendem Salzwasser zugedeckt etwa 5 Minuten garen. Anschließend in einem Sieb abtropfen lassen.

3 Das Kartoffelmus mit Sojamehl, Salz und Pfeffer mit leicht angefeuchteten Händen verkneten. Möhrenwürfel zum Schluss vorsichtig unterarbeiten. Aus dem Kartoffelteig 2 gleich große Taler (Ø etwa 9 cm) formen. Das Speiseöl in einer großen Pfanne erhitzen. Die Burger darin von jeder Seite etwa 2 Minuten braten. Burger herausnehmen und beiseitestellen.

4 Joghurt mit Schnittlauchröllchen verrühren. Den Schnittlauchjoghurt mit Salz und Pfeffer kräftig würzen.

5 Salatblätter und Tomate abspülen und trocken tupfen. Tomate in Scheiben schneiden und dabei den Stängelansatz herausschneiden. Brötchen jeweils waagerecht durchschneiden. Jede Hälfte mit etwa 1 Esslöffel von dem Schnittlauchjoghurt bestreichen.

6 Die unteren Brötchenhälften mit je 1 Salatblatt belegen, dann mit 1 Burger und 2–3 Tomatenscheiben belegen, mit Schnittlauchröllchen bestreuen, mit Salz und Pfeffer würzen. Restlichen Schnittlauchjoghurt darauf verteilen. Die oberen Brötchenhälften darauflegen und leicht andrücken. Die Burger sofort genießen, bis zum Verzehr einzeln in Frischhaltefolie einwickeln oder in einer Lunch-Box aufbewahren.

Tipp: Die Gemüse-Soja-Burger reichen als Mittagessen (mit 2 Stück) vollkommen aus. Als kleiner Snack für zwischendurch reicht es für 2 Personen. Für mehrere Portionen lassen sich die Zutaten einfach verdoppeln, verdreifachen …

Zubehör: Buns, Salate und Beilagen

Ketchup und Pommes sind ja ganz nett. Aber rote Tandoori-Buns, Tahini-Aprikosen-Joghurt oder Chakalaka machen aus jedem Burger erst wirklich ein geschmackliches Erlebnis. Wenn dann noch Sweet-Potato-Fries, Onion Rings und Creamy Coleslaw dazukommen, ist das Fest der Sinne perfekt!

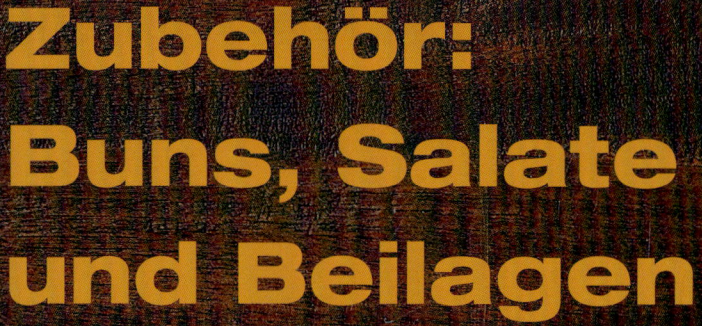

Asia-Mayonnaise (im Foto vorn)

etwa 300 ml | Insgesamt: E: **8** g, F: **258** g, Kh: **23** g, kJ: **10078**, kcal: **2408**, BE: **2,0**

1 Ei (Größe M, sehr frisch,
  zimmerwarm)
Salz
1 EL Limettensaft

250 ml Sonnenblumenöl
  (zimmerwarm)
1 TL asiatische Fischsauce
1 EL Zucker
1 EL Wasabipaste

10 g frischer Ingwer
5 Stängel Koriander
1 EL Sambal Oelek
Salz

1 Das Ei mit Salz und Limettensaft in einen hohen, schmalen Rührbecher geben. Sonnenblumenöl hinzugießen. Den Rührstab (Pürierstab) auf den Boden des Bechers geben, einschalten und langsam nach oben ziehen. Die Mayonnaise einmal komplett durchmixen. Dann Fischsauce, Zucker und Wasabipaste untermixen.

2 Ingwer schälen und fein reiben. Koriander abspülen und trocken tupfen. Die Blättchen von den Stängeln zupfen, Blättchen klein schneiden, mit Sambal Oelek unter die Mayonnaise mischen und mit Salz würzen. Die Mayonnaise bis zur Verwendung zugedeckt in den Kühlschrank stellen.

Hinweis: Nur ganz frische Eier verwenden (mind. 23 Tage Resthaltbarkeit!). Die fertige Mayonnaise im Kühlschrank aufbewahren und innerhalb von 24 Stunden verzehren.

Röstzwiebel-Mayonnaise
(im Foto hinten)

etwa 350 ml | Insgesamt: E: **9** g, F: **266** g, Kh: **6** g, kJ: **10106**, kcal: **2415**, BE: **0,0**

1 Ei (Größe M, sehr frisch,
  zimmerwarm)
Salz
Cayennepfeffer
1 TL mittelscharfer Senf

1 EL Zitronensaft
350 ml Sonnenblumenöl
  (zimmerwarm)
1 Stängel Estragon
150 g Schalotten

Tipp: Wenn es schneller gehen soll, verwenden Sie etwa 40 g fertig gekaufte Röstzwiebeln. Diese hacken und kurz vor dem Servieren unter die Mayonnaise mischen.

1 Das Ei mit Salz, Cayennepfeffer, Senf und Zitronensaft in einen hohen, schmalen Rührbecher geben. 250 ml Sonnenblumenöl hinzugießen. Den Rührstab (Pürierstab) auf den Boden des Bechers geben, einschalten und langsam nach oben ziehen. Die Mayonnaise einmal komplett durchmixen.

2 Estragon abspülen und trocken tupfen. Die Blättchen von dem Stängel zupfen, Blättchen klein schneiden, unter die Mayonnaise rühren und zugedeckt in den Kühlschrank stellen.

3 Die Schalotten abziehen und klein würfeln. Restliches Sonnenblumenöl (100 ml) in einer Pfanne erhitzen. Die

Schalottenwürfel darin bei mittlerer Hitze goldbraun und knusprig braten. Anschließend in ein feines Sieb geben und das Sonnenblumenöl sehr gut abtropfen lassen. Die Schalottenwürfel erkalten lassen und kurz vor dem Servieren unter die Mayonnaise mischen.

Vegane Zitronen-Pfeffer-Mayonnaise

etwa 300 ml | Insgesamt: E: **6** g, F: **229** g, Kh: **9** g, kJ: **8743**, kcal: **2089**, BE: **1,0**

100 ml Sojadrink, natur,
  ungesüßt (zimmerwarm)
1 EL Zitronensaft
Salz
gem. Pfeffer
2 EL mittelscharfer Senf

225 ml Sonnenblumenöl
  (zimmerwarm)
1 EL fein abgeriebene Schale
  von 1 Bio-Zitrone (unbehandelt,
  ungewachst)

1–2 TL grob gem. schwarzer
  Pfeffer

1 Den Sojadrink in einem hohen, schmalen Mixbecher mit dem Zitronensaft verrühren und etwa 5 Minuten stehen lassen, bis die Milch leicht geronnen ist. Salz, Pfeffer und Senf hinzugeben.

2 Den Pürierstab auf den Boden des Bechers geben und einschalten. Die Zutaten auf höchster Stufe mixen, einen Esslöffel Öl untermixen. Restliches Öl nach und nach in kleinen Portionen untermixen.

3 Nachdem die gesamte Ölmenge hinzugefügt wurde, Zitronenschale und Pfeffer zugeben, alles mit dem Pürierstab hin und her bewegen, bis eine homogene und feste Mayonnaise entstanden ist.

Tipp: Sojadrink und Sonnenblumenöl sollten beide die gleiche Temperatur haben. Daher den Sojadrink rechtzeitig aus dem Kühlschrank nehmen.

VEGAN

Gurkenrelish (im Foto oben)

4–5 Portionen | Pro Portion: E: **2** g, F: **1** g, Kh: **23** g, kJ: **471**, kcal: **113**, BE: **1,0**

- 100 g Zwiebeln
- 400 g Salatgurke
- 1 Apfel (etwa 125 g, Granny-Smith)

- 1 TL Kümmelsamen
- 1 EL Senfkörner
- 8 Wacholderbeeren
- 1 Lorbeerblatt

- 100 ml Weißweinessig
- 75 g Zucker
- Salz
- ½ Bund Dill

1 Zwiebeln abziehen und in kleine Würfel schneiden. Von der Gurke die Enden abschneiden. Gurke schälen, längs vierteln und in etwa 3 mm breite Scheiben schneiden. Den Apfel schälen und das Kerngehäuse mit einem Apfelausstecher entfernen. Apfel ebenfalls in etwa 3 mm breite Scheiben schneiden.

2 Die vorbereiteten Zutaten mit Kümmel, Senfkörnern, Wacholderbeeren, Lorbeerblatt, Essig und Zucker in einem Topf mischen und mit Salz würzen. Alle Zutaten zum Kochen bringen und bei schwacher Hitze etwa 25 Minuten kochen lassen, bis keine Flüssigkeit mehr vorhanden ist.

3 Dill abspülen und trocken tupfen. Die Spitzen von den Stängeln zupfen, Spitzen klein schneiden und unter das Relish mischen, erkalten lassen.

VEGAN

Guacamole (im Foto unten)

4 Portionen | Pro Portion: E: **2** g, F: **22** g, Kh: **3** g, kJ: **922**, kcal: **221**, BE: **0,25**

- 50 g Frühlingszwiebeln
- 2 Bio-Limetten (unbehandelt, ungewachst)
- 1 grüne Chilischote
- 1 Bund Koriander

- 500 g Avocado
- Salz

1 Frühlingszwiebeln putzen, abspülen, abtropfen lassen und grob würfeln. Limetten heiß abwaschen, abtrocknen und die Schale fein abreiben. Limetten halbieren, den Saft auspressen und 5 Esslöffel Saft abmessen.

2 Die Chilischote abspülen, abtropfen lassen, entstielen, längs halbieren, entkernen und klein würfeln. Koriander abspülen und trocken tupfen. Die Blättchen von den Stängeln zupfen und grob zerkleinern.

3 Die Avocados halbieren und entkernen. Das Fruchtfleisch aus den Schalen lösen und grob zerschneiden. Avocado-Fruchtfleisch mit Limettenschale, abgemessenem Limettensaft, Chili-, Frühlingszwiebelwürfeln und Koriander in der Küchenmaschine fein pürieren. Mit Salz würzen.

Orientalischer
Tahini-Aprikosen-Joghurt

4 Portionen (etwa 350 g) | Pro Portion: E: **5** g, F: **13** g, Kh: **12** g, kJ: **805**, kcal: **192**, BE: **1,0**

- 60 g getrocknete Soft-Aprikosen
- 35 g Pistazienkerne, geröstet und gesalzen

- 4 Stängel Minze
- 250 g Sahnejoghurt
- 1 EL Tahinipaste (etwa 15 g)

- 1 TL gem. Kreuzkümmel (Cumin)
- 1 TL Schwarzkümmel
- Salz

1 Aprikosen in kleine Würfel schneiden. Pistazienkerne klein hacken. Minze abspülen und trocken tupfen. Die Blättchen von den Stängeln zupfen, Blättchen klein schneiden.

2 Joghurt mit Tahinipaste, Kreuzkümmel, Schwarzkümmel, Pistazienkernen, Minze und Aprikosenwürfeln gut verrühren, mit Salz würzen.

Tipp: Tahini-Aprikosen-Joghurt passt zu Lamm- und Rehburgern und zu Falafel-Burgern.

Avocado-Minze-Joghurt

(ohne Foto)

4 Portionen | Pro Portion: E: **3** g, F: **12** g, Kh: **3** g, kJ: **567**, kcal: **135**, BE: **0,5**

- 5–7 Minzeblättchen
- 250 g Joghurt (1,5 % Fett)

- 1 EL Zitronensaft
- Salz

- 1 reife Avocado

1 Minzeblättchen abspülen, trocken tupfen und klein schneiden. Joghurt mit Zitronensaft und 1 Prise Salz glatt rühren, Minze unterrühren.

2 Avocado halbieren und den Stein herauslösen. Das Fruchtfleisch mit einem Esslöffel aus der Schale lösen. Avocado in kleine Stücke schneiden, sofort unter den Joghurt heben und nochmals mit Salz und Zitronensaft abschmecken.

Tipp: Avocado-Minze-Joghurt passt gut zu asiatischen Burgern, z. B. Nudel-Teriyaki-Hühnchen-Burger.

Asiatische

Pflaumensauce

etwa 325 ml | Insgesamt: E: **10** g, F: **2** g, Kh: **103** g, kJ: **2067**, kcal: **495**, BE: **8,5**

1 rote Zwiebeln (etwa 75 g)
1 Sternanis
1 EL Szechuanpfeffer
(Chinesischer Pfeffer)

½ rote Chilischote
20 g frischer Ingwer
100 g frische Pflaumen
125 g getrocknete Soft-Pflaumen

4 EL Reisessig
4 EL Sojasauce
20 g brauner Zucker

1 Zwiebel abziehen und in kleine Würfel schneiden. Sternanis und Szechuanpfeffer im Mörser fein zerstoßen. Chilischote abspülen, trocken tupfen, entstielen und mit den Kernen fein hacken. Ingwer schälen und fein reiben. Die

frischen Pflaumen abspülen, abtropfen lassen, entstielen, halbieren, entsteinen und klein schneiden. Soft-Pflaumen ebenfalls klein schneiden.

2 Die vorbereiteten Zutaten mit Reisessig, Sojasauce und Zucker im Blitzhacker oder mit dem Pürierstab zu einer glatten Sauce pürieren und bis zur Verwendung zugedeckt in den Kühlschrank stellen.

Erbsen-Hummus (ohne Foto)

4 Portionen | Insgesamt: E: **11** g, F: **7** g, Kh: **20** g, kJ: **792**, kcal: **190**, BE: **1,5**

250 g TK-Erbsen
Salzwasser
250 g abgetropfte Kichererbsen
(aus der Dose)
2 Stängel Minze

25 g Tahini (Sesampaste, erhältlich im Asialaden oder in türkischen Lebensmittelläden)
50 g griechischer Sahnejoghurt
(10 % Fett)

1 TL Kreuzkümmel (Cumin)
Salz
1 EL Limettensaft

1 Erbsen unaufgetaut in kochendem Salzwasser etwa 5 Minuten garen. Erbsen mit eiskaltem Wasser abschrecken, gut abtropfen lassen.

2 Kichererbsen in ein Sieb geben, mit kaltem Wasser abspülen, abtropfen lassen. Minze abspülen und trocken tupfen. Die Blättchen von den Stängeln zupfen.

3 Erbsen, Kichererbsen, Tahini, Joghurt, die Hälfte der Minzeblättchen, Kreuzkümmel, Salz und Limettensaft zu einer feinen Paste pürieren. Erbsen-Hummus in Schälchen anrichten und mit den restlichen Minzeblättchen garnieren.

Tomaten-Salsa (im Foto oben)

4 Portionen | Pro Portion: E: **1** g, F: **0** g, Kh: **5** g, kJ: **120**, kcal: **29**, BE: **0,0**

- 2 Tomaten
- 2 kleine Zwiebeln
- je 1 rote und grüne Chilischote
- 1 Stängel Koriander

- abgeriebene Schale und Saft von 2 Bio-Limetten (unbehandelt, ungewachst)

- 1 TL brauner Zucker

1 Tomaten abspülen, trocken tupfen, halbieren und die Stängelansätze herausschneiden. Tomaten entkernen und in kleine Würfel schneiden. Zwiebeln abziehen und klein würfeln. Chilischoten abspülen, trocken tupfen, entstielen, halbieren, entkernen und ebenfalls in kleine Würfel schneiden. Koriander abspülen und trocken tupfen. Die Blättchen von dem Stängel zupfen, Blättchen klein schneiden.

2 Die vorbereiteten Zutaten mit Zitronenschale, -saft und Zucker in einer Schüssel gut vermischen und bis zum Servieren zugedeckt in den Kühlschrank stellen.

Tipps: Die Salsa kann auch am Tag vorher zubereitet werden, schmeckt aber am besten, wenn sie nur wenige Stunden zieht. Salsa als Dip mit ofenfrischem Baguette servieren oder zum klassischen Burger reichen.

VEGAN

Avocado-Salsa (im Foto unten)

4 Portionen | Pro Portion: E: **2** g, F: **27** g, Kh: **3** g, kJ: **1131**, kcal: **270**, BE: **0,0**

- 1 Tomate
- 1 kleine rote Zwiebel
- 1 rote Chilischote

- 1 kleines Bund Schnittlauch
- 2 feste, reife Avocados
- Saft von 2 Limetten

- 2 EL Olivenöl
- Salz
- Agavendicksaft

1 Tomate abspülen, trocken tupfen, halbieren und den Stängelansatz herausschneiden. Die Zwiebel abziehen und klein würfeln. Chilischote abspülen, trocken tupfen, halbieren, entstielen, entkernen und in kleine Würfel schneiden. Schnittlauch abspülen, trocken tupfen und in feine Röllchen schneiden.

2 Avocados halbieren und jeweils den Stein entfernen. Das Fruchtfleisch mit einem Löffel aus den Schalen heben. Fruchtfleisch in bohnengroße Würfel schneiden und in eine Schüssel geben. Sofort Tomaten-, Zwiebel-, Chiliwürfel, Schnittlauchröllchen, Limettensaft und Olivenöl untermischen.

3 Avocado-Salsa mit Salz und etwas Agavendicksaft abschmecken.

Tipps: Sind die Avocadoschalen beim Auslösen noch heil geblieben, kann die Salsa direkt darin serviert werden. Salsa als Dip mit ofenfrischem Baguette servieren oder zu Chicken-Tortillas reichen.

Hot-Chili-Barbecuesauce

(im Foto oben)

etwa 550 ml | Insgesamt: E: **29** g, F: **64** g, Kh: **195** g, kJ: **6231**, kcal: **1488**, BE: **14,5**

- 200 g rote Zwiebeln
- 4 Knoblauchzehen
- 1–2 rote Chilischoten
- 100 g durchwachsener Speck, im Stück

- 3 EL Olivenöl
- 2 EL Paprikapulver rosenscharf
- 2 EL Currypulver, scharf
- 400 g stückige Tomaten (Tetrapak)
- 50 ml Obstessig

- 25 ml Balsamico-Essig
- 150 g brauner Zucker
- Salz
- 2 EL Worcestersauce
- evtl. Tabasco

1 Zwiebeln und Knoblauch abziehen, klein würfeln. Chilischoten abspülen, abtropfen lassen und entstielen, mit den Kernen grob zerschneiden. Speck in kleine Würfel schneiden. Olivenöl in einem Topf erhitzen. Die Speckwürfel darin knusprig auslassen. Zwiebel-, Knoblauchwürfel und Chilistü-cke hinzugeben, kurz anrösten. Paprika und Curry darüber-streuen und kurz mitrösten.

2 Stückige Tomaten, Essig und Zucker hinzugeben, zum Kochen bringen und bei mittlerer Hitze etwa 30 Minu-ten dickflüssig glänzend einko-chen lassen.

3 Die Sauce mit Salz, Wor-cestersauce und evtl. Tabasco würzen. Dann mit dem Pürierstab pürieren und erkal-ten lassen.

4 Die Barbecuesauce hält sich zugedeckt im Kühl-schrank einige Tage frisch.

Chakalaka (im Foto unten)

etwa 500 ml | Insgesamt: E: **9** g, F: **33** g, Kh: **159** g, kJ: **4127**, kcal: **986**, BE: **12,5**

- 125 g Zwiebeln
- 1–2 Knoblauchzehen
- 20 g frischer Ingwer
- ½–1 rote Chilischote
- 100 g Möhren

- 1 grüne Paprikaschote (etwa 100 g)
- 175 g Weißkohl
- 200 g Tomaten
- 3 EL Olivenöl

- 1 EL Paprikapulver edelsüß
- 1 EL Currypulver, mild
- 125 g Zucker
- 75 ml Obstessig
- 200 ml Wasser, Salz

1 Zwiebeln und Knoblauch abziehen und klein wür-feln. Ingwer schälen und in sehr kleine Würfel schneiden. Chilischote abspülen, abtropfen lassen, entstielen und mit den Kernen in feine Ringe schnei-den. Möhren putzen, schälen, abspülen, abtropfen lassen, in ½ cm große Würfel schneiden.

2 Paprikaschote halbieren, entstielen, entkernen und die weißen Scheidewände entfernen. Schote ebenfalls in ½ cm große Würfel schneiden. Weißkohl putzen, vierteln und den Strunk herausschneiden. Weißkohl abspülen, abtropfen lassen und in kleine Stücke schneiden. Tomaten abspülen, abtropfen lassen, halbieren und die Stängelansätze heraus-schneiden. Tomaten in ½ cm große Würfel schneiden.

3 Olivenöl in einem Topf erhitzen. Zwiebelwürfel darin andünsten. Knoblauch-, Ingwerwürfel und Chiliringe hinzugeben, kurz mit anbra-ten. Paprika, Curry und Zucker untermischen. Dann Weißkohl-stücke, Paprika- und Möhren-würfel unterrühren. Zuletzt To-matenwürfel, Essig und Wasser hinzufügen. Mit Salz würzen.

4 Zutaten zum Kochen bringen und etwa 45 Mi-nuten bei schwacher Hitze kochen lassen, bis kaum noch Flüssigkeit vorhanden ist und die Chakalaka schön glänzt. Dann erkalten lassen.

Maismehl-Buns
mit Peperoni

8 Stück | Pro Stück: E: **9** g, F: **14** g, Kh: **63** g, kJ: **1763**, kcal: **421**, BE: **5,0**

125 g rote Zwiebeln
je 1 rote und grüne Peperoni
  (je etwa 20 g)
50 g vegane Margarine

25 g frische Hefe
350 ml lauwarmes Wasser
275 g Maismehl
400 g Weizenmehl
60 ml Sonnenblumenöl

1 EL Zucker
1 TL gem. Koriander
1 EL Paprikapulver rosenscharf
1 gestr. TL Salz
etwas Weizenmehl

1 Die Zwiebeln abziehen und klein würfeln. Rote und grüne Peperoni abspülen, trocken tupfen, entstielen und mit den Kernen in kleine Würfel schneiden. Magarine in einer Pfanne zerlassen. Die Zwiebel- und Peperoniwürfel darin bei mittlerer Hitze leicht goldbraun braten und abkühlen lassen.

2 Die Hefe in das lauwarme Wasser bröckeln und gut verrühren, bis sie aufgelöst ist. Maismehl, Weizenmehl, Sonnenblumenöl, Zucker, Koriander, Paprika und Salz hinzufügen. Die Zutaten mit einem Mixer (Knethaken) zunächst kurz auf niedrigster, dann auf höchster Stufe zu einem glatten, elastischen Teig verkneten (Teig darf nicht mehr kleben). Zuletzt die Zwiebel-Peperoni-Mischung unterarbeiten. Den Teig mit einem Geschirrtuch abdecken und etwa 1 Stunde an einem warmen Ort gehen lassen, bis er sich sichtbar verdoppelt hat.

3 Den gegangenen Teig aus der Schüssel nehmen, auf einer leicht bemehlten Arbeitsfläche in 8 Portionen teilen und dann zu 8 runden Buns formen. Die Buns auf ein Backblech (mit Backpapier belegt) legen und mit einem Geschirrtuch zudecken. Die Buns nochmals etwa 15 Minuten an einem warmen Ort gehen lassen.

4 In der Zwischenzeit den Backofen vorheizen. Ober-/Unterhitze: etwa 180 °C, Heißluft: etwa 160 °C

5 Das Backblech in den vorgeheizten Backofen (unteres Drittel) schieben. Die Buns **20–25 Minuten backen.**

6 Die Buns mit dem Backpapier vom Backblech auf einen Kuchenrost ziehen. Die Buns noch warm dünn mit Wasser bestreichen, sodass die Kruste weich wird. Die Buns erkalten lassen.

Tipp: Die Buns vor dem Füllen waagerecht durchschneiden und nochmals kurz toasten.

Tandoori-Buns

8 Stück | Pro Stück: E: **13** g, F: **8** g, Kh: **71** g, kJ: **1723**, kcal: **412**, BE: **5,0**

200 ml Milch (3,5 % Fett)
40 g Ghee (Butterschmalz)
125 ml Wasser
20 g frische Hefe
675 g Weizenmehl

50 g Kichererbsenmehl
1 gestr. TL Salz
15 g Zucker
75 g Buttermilch
1 Ei (Größe L)

50 g Tandoori-Paste
10 grüne Kardamomkapseln
1 TL Fenchelsamen
1 TL Kreuzkümmel, ganz (Cumin)

1 Die Milch mit dem Butterschmalz erwärmen, bis das Butterschmalz geschmolzen ist. Dann Wasser hinzugeben, verrühren und lauwarm abkühlen lassen. Die Hefe hineinbröckeln, gut verrühren, bis sie sich aufgelöst hat.

2 Mehl, Kichererbsenmehl, Salz, Zucker, die Hefe-Flüssigkeit, Buttermilch, Ei und Tandoori-Paste hinzugeben. Die Zutaten mit einem Mixer (Knethaken) zunächst kurz auf niedrigster, dann auf höchster Stufe zu einem glatten, elastischen Teig verkneten (Teig darf nicht mehr kleben).

3 Den Teig in 8 Portionen teilen und dann zu 8 runden, flachen Buns formen. Die Buns auf ein Backblech (mit Backpapier belegt) legen und mit einem Geschirrtuch abdecken. Die Buns etwa 1 Stunde an einem warmen Ort gehen lassen.

4 Kardamom aus den Kapseln lösen, mit Fenchel und Kreuzkümmel im Mörser zerstoßen.

5 Den Backofen vorheizen. Ober-/Unterhitze: etwa 200 °C, Heißluft: etwa 180 °C

6 Die Buns mit etwas Wasser bestreichen und mit der Gewürzmischung bestreuen. Das Backblech in den vorgeheizten Backofen (unteres Drittel) schieben. Die Buns **etwa 15 Minuten goldbraun backen.**

7 Die Buns mit dem Backpapier vom Backblech auf einen Kuchenrost ziehen. Buns erkalten lassen.

8 Die Buns kurz vor dem Servieren waagerecht durchschneiden und kurz toasten.

Tipp: Die Buns vor dem Füllen nochmals kurz toasten.

Klassische Burger-Buns

8 Stück | Pro Stück: E: **11** g, F: **9** g, Kh: **66** g, kJ: **1635**, kcal: **390**, BE: **5,5**

Für den Hefeteig:
250 ml Milch (3,5 % Fett)
50 g Butter
125 ml Wasser

20 g frische Hefe
675 g Weizenmehl
1 gestr. TL Salz
15 g Zucker

1 Ei (Größe L)
etwas Weizenmehl
2 EL Milch
1 EL Sesamsamen

1 Die Milch mit der Butter in einem Topf erwärmen, bis die Butter geschmolzen ist. Dann Wasser unterrühren und die Flüssigkeit lauwarm abkühlen lassen. Die Hefe hineinbröckeln und gut verrühren, bis sie aufgelöst ist.

2 Mehl, Salz, Zucker, die Hefe-Flüssigkeit und das Ei hinzugeben. Die Zutaten mit einem Mixer (Knethaken) zunächst kurz auf niedrigster, dann auf höchster Stufe zu einem glatten, elastischen Teig verkneten (Teig darf nicht mehr kleben).

3 Den Teig aus der Schüssel nehmen, auf einer leicht bemehlten Arbeitsfläche in 8 Portionen teilen und dann zu 8 runden, flachen Buns formen, dabei so wenig Mehl wie möglich zum Formen der Buns verwenden. Die Buns auf ein Backblech (mit Backpapier belegt) legen und mit einem Geschirrtuch abdecken. Die Buns etwa 1 Stunde an einem warmen Ort gehen lassen.

4 In der Zwischenzeit den Backofen vorheizen. Ober-/Unterhitze: etwa 200 °C, Heißluft: etwa 180 °C

5 Die Buns mit Milch bestreichen und mit Sesam bestreuen. Das Backblech in den vorgeheizten Backofen (unteres Drittel) schieben. Die Buns **etwa 20 Minuten goldbraun backen.**

6 Die Buns mit dem Backpapier vom Backblech auf einen Kuchenrost ziehen. Buns erkalten lassen.

Tipp: Die Buns kurz vor dem Servieren waagerecht durchschneiden und kurz toasten.

Gelbe Kürbis-Buns

8 Stück | Pro Stück: E: **12** g, F: **5** g, Kh: **63** g, kJ: **1461**, kcal: **349**, BE: **5,5**

350 g Hokkaido-Kürbis
Salz
etwa 200 ml Wasser

200 ml Milch (3,5 % Fett)
40 g frische Hefe
650 g Weizenmehl
1 TL Zucker

etwas Weizenmehl
40 g Kürbiskerne
1 EL Mohnsamen

1 Den Kürbis abspülen, trocken tupfen, halbieren und die Kerne mit einem Löffel herausschaben. Kürbis mit der Schale in etwa 2 cm große Stücke schneiden. Kürbisstücke mit etwas Salz und Wasser in einem Topf zum Kochen bringen und zugedeckt bei mittlerer Hitze in 10–12 Minuten weich dünsten. Dann den Deckel abnehmen und so lange weiterdünsten lassen, bis keine Flüssigkeit mehr vorhanden ist.

2 Den gedünsteten Kürbis mit einem Pürierstab sehr fein pürieren und abkühlen lassen.

3 Die Milch in einem Topf erwärmen. Die Hefe hineinbröckeln und gut verrühren, bis sie aufgelöst ist. Mehl, Zucker, 1 Teelöffel Salz, Hefe-Milch und Kürbispüree hinzugeben. Die Zutaten mit einem Mixer (Knethaken) zunächst kurz auf niedrigster, dann auf höchster Stufe zu einem glatten, elastischen Teig verkneten (Teig darf nicht mehr kleben). Den Teig mit einem Geschirrtuch abdecken und etwa 30 Minuten an einem warmen Ort gehen lassen, bis er sich sichtbar verdoppelt hat.

4 Den gegangenen Teig aus der Schüssel nehmen, auf einer leicht bemehlten Arbeitsfläche in 8 Portionen teilen und dann zu 8 runden, flachen Buns formen. Die Buns auf ein Backblech (mit Backpapier belegt) legen und mit einem Geschirrtuch abdecken. Die Buns nochmals etwa 25 Minuten an einem warmen Ort gehen lassen.

5 In der Zwischenzeit den Backofen vorheizen. Ober-/Unterhitze: etwa 180 °C, Heißluft: etwa 160 °C

6 Die Buns mit etwas Wasser bestreichen, mit Kürbiskernen und Mohn bestreuen. Das Backblech in den vorgeheizten Backofen (unteres Drittel) schieben. Die Kürbis-Buns **etwa 25 Minuten backen.**

7 Die Buns mit dem Backpapier vom Backblech auf einen Kuchenrost ziehen, Buns erkalten lassen.

Tipp: Die Buns vor dem Füllen waagerecht durchschneiden und nochmals kurz toasten.

Feine Sesambrötchen

8 Brötchen I Pro Stück: E: **8** g, F: **4** g, Kh: **55** g, kJ: **1229**, kcal: **293** , BE: **4,5**

Für den Hefeteig:
300 ml lauwarmes Wasser
21 g frische Hefe
25 g Zucker
550 g Weizenmehl
2 gestr. TL Salz

1 ½ EL Olivenöl

etwas Weizenmehl
  zum Bestäuben
etwas Wasser
  zum Bestreichen

Zum Bestreuen:
25 g geschälte Sesamsamen
grob gem. Pfeffer

1 Für den Teig Wasser in eine Rührschüssel gießen. Hefe und Zucker hinzugeben, unter Rühren darin auflösen.

2 Mehl, Salz und Olivenöl hinzugeben. Mit dem Mixer (Knethaken) zu einem glatten Teig verarbeiten und so lange kneten, bis sich der Teig vom Schüsselrand löst. Den Teig mit Mehl bestäuben und zugedeckt etwa 40 Minuten an einem warmen Ort gehen lassen, bis er sich sichtbar vergrößert hat.

3 Den gegangenen Teig aus der Schüssel nehmen, auf einer leicht mit Mehl bestäubten Arbeitsfläche mit den Händen verkneten und in 8 gleich große Stücke teilen. Die Teigstücke zu gleichmäßigen, glatten Kugeln formen und mit etwas Abstand auf ein Backblech (gefettet, mit Backpapier belegt) legen.

4 Die Oberseite der Teigkugeln dünn mit Wasser bestreichen und gleichmäßig den Sesam darauf verteilen. Mit grob gemahlenem Pfeffer bestreuen. Teigstücke mit Frischhaltefolie zudecken und etwa 60 Minuten an einem warmen Ort gehen lassen, bis sie sich sichtbar verdoppelt haben. Folie entfernen.

5 Das Backblech in den Backofen (unteres Drittel) schieben. Den Backofen einschalten. Ober-/Unterhitze: etwa 200 °C, Heißluft: nicht empfehlenswert (die Brötchen werden zu dunkel).

6 Die Sesambrötchen **20–25 Minuten backen.** Sollten die Brötchen zu dunkel werden, decken Sie sie mit einem Bogen Backpapier zu.

7 Die Brötchen auf einen Kuchenrost legen und erkalten lassen.

Tipps: Diese Brötchen sind bestens geeignet, um Hamburger zuzubereiten. Auch feiner Kochschinken, Roastbeef mit Remouladensauce und Schnittkäse passen sehr gut dazu. Oder zunächst die Brötchen mit Frischkäse bestreichen, anschließend mit geräuchertem Forellenfilet oder Lachsscheiben belegen, darauf Salat und Gurkenscheiben anrichten.

VEGAN
Orientalische
Vollkorn-Brötchen

8 Stück | Pro Stück: E: **16** g, F: **17** g, Kh: **71** g, kJ: **2111**, kcal: **505**, BE: **6,0**

1 Pck. Dr. Oetker
  Trockenbackhefe
2 EL Agavendicksaft
550 ml lauwarmes Wasser
525 g Vollkorn-Weizenmehl
275 g Weizenmehl
1 gestr. TL Salz

1 EL gem. Kreuzkümmel (Cumin)
ger. Muskatnuss
1 EL fein abgeriebene Schale
  von 1 Bio-Zitrone (unbehandelt,
  ungewachst)
1 TL gerebelter Majoran
3 EL Tahinipaste (Sesampaste,
  etwa 75 g)

75 g Walnusskerne, klein gehackt
etwas Weizenmehl
2 EL Olivenöl
1 EL Mohnsamen
1 TL Paprikapulver edelsüß
1 TL Schwarzkümmel

1 Die Trockenbackhefe mit Honig und lauwarmem Wasser verrühren und etwa 10 Minuten stehen lassen.

2 Das Vollkorn-Weizenmehl mit Weizenmehl und Salz in einer Rührschüssel mischen. Kreuzkümmel, Muskat, Zitronenschale und Majoran untermischen. Das Hefewasser, die Tahinipaste und Walnusskerne hinzugeben. Die Zutaten mit einem Mixer (Knethaken) zunächst kurz auf niedrigster, dann auf höchster Stufe zu einem glatten, elastischen Teig verkneten (Teig darf nicht mehr kleben). Den Teig mit einem Geschirrtuch abdecken und etwa 1 Stunde an einem warmen Ort gehen lassen, bis er sich sichtbar verdoppelt hat.

3 Den gegangenen Teig aus der Schüssel nehmen, auf einer leicht bemehlten Arbeitsfläche in 8 Portionen teilen und dann zu 8 runden, flachen Brötchen formen. Die Brötchen auf ein Backblech (mit Backpapier belegt) legen und mit dem Geschirrtuch abdecken. Die Brötchen nochmals etwa 30 Minuten an einem warmen Ort gehen lassen.

4 In der Zwischenzeit den Backofen vorheizen. Ober-/Unterhitze: etwa 180 °C, Heißluft: etwa 160 °C

5 Olivenöl mit Mohnsamen, Paprika und Schwarzkümmel verrühren. Die gegangenen Brötchen damit bestreichen. Das Backblech in den vorgeheizten Backofen (unteres Drittel) schieben. Die Vollkorn-Brötchen **etwa 25 Minuten backen.**

Kokosnuss-Salat

4 Portionen | Pro Portion: E: **3** g, F: **18** g, Kh: **19** g, kJ: **1055**, kcal: **252**, BE: **1,0**

Für die Vinaigrette:
60 g frischer Ingwer
1 grüne Chilischote
1 ½ Bio-Limetten (unbehandelt,
   ungewachst)
4 EL Mango-Chutney
   (aus dem Glas)

1 TL Sambal Oelek
Salz
5 EL Olivenöl

3 Frühlingszwiebeln
250 g Tomaten
1 rote Paprikaschote

250 g Salatgurke
1 Sternfrucht (etwa 75 g)
50 g frisches Kokosnussfleisch
   ohne Schale

75 g Romana-Salatherzen
½ Bund Koriander

1 Für die Vinaigrette Ingwer schälen und in kleine Würfel schneiden. Chilischote abspülen, trocken tupfen, entstielen und mit den Kernen fein hacken. Limetten heiß abwaschen, abtrocknen und die Schale mit einem Zestenreißer abziehen. Limetten halbieren, den Saft auspressen und 4 Esslöffel Saft abmessen.

2 Ingwerwürfel mit Chili, Limettenschale, -saft, Mango-Chutney, Sambal Oelek, Salz und Olivenöl verrühren.

3 Frühlingszwiebeln putzen, abspülen, abtropfen lassen. Tomaten abspülen, abtropfen lassen und die Stängelansätze herausschneiden. Paprikaschote halbieren, entstielen, entkernen und die weißen Scheidewände entfernen. Schote abspülen und abtropfen lassen. Von der Gurke die Enden abschneiden. Gurke abspülen und abtropfen lassen. Sternfrucht abspülen, abtropfen lassen.

4 Die vorbereiteten Salatzutaten in kleine Stücke schneiden und in eine Schüssel geben. Die Vinaigrette gut untermischen. Den Salat etwa 10 Minuten durchziehen lassen.

5 Von dem Kokosnussfleisch die braune Haut mit einem Sparschäler abschneiden.

6 Romana-Salat putzen, abspülen, trocken tupfen und klein schneiden. Koriander abspülen und trocken tupfen. Die Blättchen von den Stängeln zupfen, Blättchen klein schneiden. Romana-Salat und Koriander unter den Salat mischen und anrichten. Kokosnussfleisch fein raspeln und den Salat dick damit bestreuen.

Tipps: Kokosnuss-Salat passt zu allen asiatischen Burgern.

Salat aus gegrilltem Gemüse

4 Portionen I Pro Portion: E: **5** g, F: **36** g, Kh: **9** g, kJ: **1590**, kcal: **380**, BE: **0,5**

250 g Auberginen
250 g Zucchini
je 200 g rote und gelbe
  Paprikaschoten
40 g Pinienkerne

2 Bio-Zitronen (unbehandelt,
  ungewachst)
20 g getrocknete Softtomaten
20 g abgetropfte Kapern
  (aus dem Glas)

12 EL Olivenöl
Salz
gem. schwarzer Pfeffer
2–3 Stängel Basilikum

1 Auberginen und Zucchini abspülen, abtrocknen und die Stängelansätze bzw. Enden abschneiden. Auberginen und Zucchini in etwa ½ cm dicke Scheiben schneiden. Paprikaschoten halbieren, entstielen, entkernen und die weißen Scheidewände entfernen. Schoten abspülen, trocken tupfen und achteln.

2 Zwei große Grillpfannen (nicht gefettet) erhitzen. Das vorbereitete Gemüse darin bei starker Hitze von beiden Seiten braten (grillen). Auberginen- und Zucchinischeiben etwa 4 Minuten, Paprikaviertel etwa 6 Minuten braten (grillen).

3 Die Pinienkerne in einer Pfanne ohne Fett unter Rühren goldbraun rösten. Die Zitronen heiß abwaschen, abtrocknen und die Schale fein abreiben. Zitronen halbieren, den Saft auspressen und 6 Esslöffel Saft abmessen.

4 Die Tomaten klein würfeln, mit Kapern, Zitronenschale, -saft, Olivenöl, Salz und Pfeffer verrühren. Basilikum abspülen und trocken tupfen. Die Blättchen von den Stängeln zupfen, Blättchen klein schneiden und mit den Pinienkernen unter die Vinaigrette mischen.

5 Das Gemüse mit der Vinaigrette mischen und mindestens 10 Minuten durchziehen lassen.

Tipps: Der Salat aus gegrilltem Gemüse passt zu Fleischburgern und zu vegetarischen Burgern.

Sweet Potato Fries
mit Zitrus-Salz

4 Portionen I Pro Portion: E: **2** g, F: **11** g, Kh: **34** g, kJ: **1032**, kcal: **246**, BE: **3,0**

700 g Süßkartoffeln
4 EL Olivenöl
Cayennepfeffer

1 TL fein abgeriebene Schale
 von 1 Bio-Zitrone (unbehandelt,
 ungewachst)

1 TL fein abgeriebene Schale von
 1 Bio-Limette (unbehandelt,
 ungewachst)
1 TL grobes Meersalz

1 Den Backofen vorheizen. Ober-/Unterhitze: etwa 200 °C, Heißluft: etwa 180 °C

2 Die Süßkartoffeln schälen, abspülen, abtropfen lassen und in etwa ½ cm dicke Stifte schneiden. Kartoffelstifte in einer großen Schüssel mit

Olivenöl und Cayennepfeffer mischen und auf einem Backblech (mit Backpapier belegt) gleichmäßig verteilen.

3 Das Backblech in den vorgeheizten Backofen (unteres Drittel) schieben. Die Kartoffelstifte **22–25 Minuten**

rösten, dabei nach etwa 15 Minuten einmal wenden.

4 Die Zitronen- und Limettenschalen mit dem Meersalz vermischen. Die Süßkartoffelstifte damit bestreuen.

Zubereitungszeit: **25 Minuten, ohne Marinierzeit** I Garzeit: **etwa 40 Minuten**

Kartoffelspalten
mit roten Zwiebeln (ohne Foto)

4 Portionen I Pro Portion: E: **7** g, F: **23** g, Kh: **53** g, kJ: **1889**, kcal: **450**, BE: **4,0**

2 kg mittelgroße festkochende
 Kartoffeln
Meersalz

gem. Pfeffer
5 EL Olivenöl

500 g rote Zwiebeln
3 Stängel Rosmarin
4 EL Olivenöl

1 Kartoffeln unter fließendem kalten Wasser gründlich abbürsten, abtrocknen und mit der Schale der Länge nach achteln. Meersalz mit Pfeffer und Olivenöl verrühren, mit den Kartoffelspalten vermengen und mindestens 30 Minuten marinieren.

2 In der Zwischenzeit den Backofen vorheizen. Ober-/Unterhitze: etwa 200 °C, Heißluft: etwa 180 °C

3 Kartoffelspalten mit der Marinade auf einem Backblech (gefettet) verteilen und in den vorgeheizten Backofen schieben. Die Kar-

toffelspalten **etwa 40 Minuten garen.**

4 Zwiebeln abziehen und in Scheiben schneiden. Rosmarin abspülen, trocken tupfen und etwas kleiner zupfen. Nach der Hälfte der Garzeit zu den Kartoffelspalten geben und alles fertig garen.

Onion Rings

4 Portionen | Pro Portion: E: **2** g, F: **7** g, Kh: **8** g, kJ: **455**, kcal: **109**, BE: **0,5**

Für den Teig:
50 g Weizenmehl
1 gestr. TL Dr. Oetker Backin
1 gestr. TL Salz

75 ml Bier
1 EL Worcestersauce
Cayennepfeffer
25 g Schlagsahne
1 Ei (Größe M)

225 g Zwiebeln

500 ml Speiseöl zum Frittieren

1 Für den Teig Mehl mit Backpulver und Salz in einer Rührschüssel mischen. Dann Bier, Worcestersauce, Cayennepfeffer, Sahne und Ei hinzugeben. Die Zutaten zu einem glatten Teig verrühren.

2 Die Zwiebeln abziehen, zuerst in etwa ½ cm dicke Scheiben schneiden, dann in Ringe teilen.

3 Speiseöl in einem hohen Topf oder in einer Fritteuse auf etwa 180 °C erhitzen.

4 Die Zwiebelringe kurz durch den Teig ziehen, am Schüsselrand abstreifen und in dem siedenden Speiseöl 4–5 Minuten goldbraun frittieren, dabei einmal wenden.

5 Die Zwiebelringe mit einer Schaumkelle herausnehmen und auf Küchenpapier abtropfen lassen.

Tipps: Onion Rings passen gut zu Fleischburgern.

Creamy Coleslaw

4 Portionen | Pro Portion: E: **3** g, F: **16** g, Kh: **10** g, kJ: **824**, kcal: **197**, BE: **1,0**

1 Möhre (etwa 75 g)
225 g Weißkohl
100 g Rotkohl
50 g Fenchelknolle
50 g Frühlingszwiebeln

4 Stängel glatte Petersilie
50 g Delikatessmayonnaise
50 g Schlagsahne
2 EL Dijonsenf
1 EL Zucker

evtl. Tabasco
3 EL Apfelessig
Salz

1 Möhre putzen, schälen, abspülen und abtropfen lassen. Weißkohl und Rotkohl putzen, vierteln und den dicken Strunk herausschneiden. Weiß- und Rotkohl abspülen und abtropfen lassen. Die Frühlingszwiebeln putzen, abspülen und abtropfen lassen. Das vorbereitete Gemüse grob raspeln (am besten in der Küchenmaschine).

2 Petersilie abspülen und trocken tupfen. Die Blättchen von den Stängeln zupfen, Blättchen klein schneiden.

3 Mayonnaise mit Sahne, Senf, Zucker, nach Belieben Tabasco und Essig in einer Schüssel verrühren, mit Salz würzen. Das geraspelte Gemüse hinzugeben und gut untermischen. Den Salat mindestens 30 Minuten durchziehen lassen.

Weißkohlsalat (ohne Foto)

8–12 Portionen | Pro Portion: E: **2** g, F: **4** g, Kh: **8** g, kJ: **338**, kcal: **81**, BE: **0,5**

1–1 1/2 kg Weißkohl
300 g Gemüsezwiebeln
1 TL Kümmelsamen
4 EL Speiseöl, z. B. Sonnenblumen- oder Rapsöl

5 EL Weißweinessig
1 TL Selleriesalz
1 gestr. TL Salz
½ TL gem. Pfeffer
1–2 EL Zucker

1–2 TL ger. Meerrettich aus dem Glas

1 Von dem Weißkohl die äußeren welken Blätter entfernen. Kohl vierteln, abspülen, abtropfen lassen, den Strunk herausschneiden. Kohl in feine Streifen schneiden oder hobeln. Zwiebeln abziehen, in feine Streifen schneiden. Kohl- und Zwiebelstreifen in eine große Schüssel geben. Kümmel mit ein paar Tropfen Öl auf einem Schneidbrett grob hacken (Hinweis: Das Öl dient dazu, dass der Kümmel beim Hacken nicht wegspringt).

2 Restliches Öl mit Essig, Salz, Pfeffer, Zucker, Kümmel und Meerrettich in einem Topf einmal aufkochen.

3 Heiße Marinade über den Weißkohlsalat geben, gut vermengen. Salat etwa 60 Minuten durchziehen lassen. Salat vor dem Servieren mit den Gewürzen abschmecken.

Ratgeber

Burger kennt jeder, mag eigentlich jeder, macht aber nicht jeder selbst. Das ist aber nicht so schwer und eröffnet ganz neue individuelle Geschmackswelten mit und ohne Fleisch jenseits der standardisierten Massenangebote. Hier sind einige Profitipps für die Burger-Praxis:

Die Kombination

Erlaubt ist alles, was zwischen zwei Brot- oder Brötchenhälften passt. Der klassische Burger besteht aus einem ‚bun‘ genannten weichen Brötchen und einem ‚patty‘ aus Rindfleisch – ergänzt durch Salatblätter, Tomaten- und Gurkenscheiben sowie Röstzwiebeln. Dazu werden Tomatenketchup, Mayonnaise und Pommes frites serviert.

Die Hackfleischsorten

Für klassische Burger verwendet man Rindergehacktes oder kalorienärmeres Schabefleisch. Aus grobem Hack schmecken sie besser, aus feinem Hack lassen sie sich besser formen. Etwa 30 Prozent Schweinegehacktes können aus Geschmacks- und Geschmeidigkeitsgründen hinzugefügt werden, nimmt man mehr, werden es Frikadellen oder Fleischpflanzerl. Unterschieden werden:

• Schabefleisch (Beefsteakhack / Tatar) aus magerem, schierem Muskelfleisch vom Rind hergestellt. Nur 6 % Fettgehalt.
• Rindergehacktes aus grob entsehntem Rindfleisch mit maximal 20 % Fettanteil.

• Schweinegehacktes aus grob entfettetem, zerkleinertem Schweinefleisch. Der Fettanteil beträgt maximal 35 %.
• Mett ist bereits gewürztes Schweinegehacktes, z. B. Thüringer Mett.
• Gehacktes halb und halb besteht je zur Hälfte aus Rind- und Schweinefleisch mit einen Fettanteil bis maximal 30 %.

Die Qualität

Nicht am falschen Ende sparen – Qualität kann man einfach schmecken. Hochwertiges Fleisch erkennt man an Farbe, Geruch, Geschmack und Struktur. Hackfleisch kann aus allen Fleischarten hergestellt werden. Kaufen kann man es aber nur von Rind, Schwein, Lamm und Geflügel. Da Hackfleisch leicht verdirbt, unterliegt es strengen Regeln. Ob fertig

gekauft oder per Fleischwolf selbst hergestellt – unbedingt innerhalb eines Tages zubereiten und durchgaren.

Die Vorbereitung

Um dem Fleisch mehr Bindung zu geben, damit es beim Braten und Grillen nicht auseinander fällt, pro 500 g Gehacktes entweder 1 eingeweichtes, ausgedrücktes Brötchen oder 1–2 Scheiben eingeweichtes, ausgedrücktes Toastbrot oder 1 Ei mit in die Hackmasse kneten.

Gewürze sollte man sparsam verwenden, da durch das Grillen oder Braten Röststoffe entstehen. Salz und Pfeffer müssen sein – etwas Senf, Paprikapulver oder Curry können eine gute Ergänzung sein. Wer es scharf mag, nimmt auch etwas Cayennepfeffer.

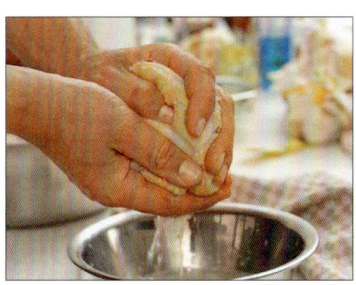

Hackfleisch lässt sich vielfältig formen – ein Kilo reicht für 8 mittelgroße, etwa 2 cm hohe Patties. Mit einer Burgerpresse werden die Scheiben perfekt gleichmäßig, mit den Händen geht es auch – am besten vorher mit Wasser anfeuchten. Zum Essen sind flache Patties, die man auch übereinanderlegen kann, besser geeignet, Patties können auch problemlos eingefroren werden, dann halten Sie beim Braten oder Grillen besser die Form.

Die Zubereitung

Zum Braten sollte die Pfanne gleichmäßig heiß sein, beim Grillen auf dem Rost sollte der Rost ausreichend mit Öl bepinselt sein. Die richtige Kerntemperatur für Burger ist mindestens 70 °C, dann sind unerwünschte Keime im Burger abgestorben. Die Garprobe ist ganz einfach: Drückt man

einmal mit dem Finger oder mit der Grillzange kurz auf das Fleisch und es gibt nach, ist es noch roh. Wenn es zurückfedert, geht es schon in Richtung „medium" oder rosa. Wenn es sich gummiartig anfühlt, ist es durch. Anschneiden und anschauen ist natürlich auch erlaubt.

Die Bratzeit

Die Bratzeiten in der Pfanne entsprechen in etwa der Grillzeit und umgekehrt. Grillen Sie die Burger nicht bei voller Hitze und eher am Rand der Grillfläche.

Die Brötchen

Buns sind genau richtig: Das ist der englische Name für weiche runde Burger-Brötchen mit und ohne Sesam. Sie haben eine weiche watteähnliche Struktur und werden vor dem Belegen

halbiert und getoastet, damit sich die Schnittflächen nicht so leicht mit Sauce oder Dressing vollsaugen und aromatischer schmecken.

Die Beilagen

Hier entscheidet der Geschmack: Sehr gut passen frisch vorbereitete Salatblätter, Käsescheiben mit gutem Schmelzcharakter, knusprig gegrillter oder gebratener Bacon, Gemüsestreifen oder -sticks, Salate, Gewürzgurken, Sauergemüse, Senfgurken, Zwiebelringe sowie selbst gemachte Ketchups und Saucen, Mayonnaise, Remoulade oder Guacamole. Selbstverständlich können auch hochwertige Fertigprodukte verwendet werden.

Alphabetisches Register

A

Alpen-Burger. 26
Asia-Mayonnaise. 88
Asiatische Pflaumensauce ● 96
Avocado-Minze-Joghurt 94
Avocado-Salsa ● 98

B

Backfisch-Burger mit Erbsenremoulade 46
Bohnenburger mit gegrillten Tortillas. 78
Burger-Buns, klassische. 106
Burger Hawaii 18
Burger, klassische 10
Burger mit Kürbisschnitzeln,
    Brie und Preiselbeeren 72

C

Calamari-Burger. 56
Cesar-Chicken-Burger mit Bacon 32
Chakalaka 100
Cheeseburger. 16
Chickenburger Hawaii mit Rohkostplatte 36
Cowboy-Steak-Doppelburger 14
Creamy Coleslaw 122

E/F

Ei-Halloumi-Burger 82
Erbsen-Hummus. 96
Falafel-Burger 68
Feine Sesambrötchen. 110
Fischbulette mit Gurkenrelish. 50
Fischburger 58
Fischburger mit Wasabicreme 60

G/H

Garnelen-Patties in Maismehl-Buns. 52
Geflügelburger 34
Gelbe Kürbis-Buns 108
Gemüse-Soja-Burger ● 84
Guacamole ● 92
Gurkenrelish ● 92
Hot-Chili-Barbecuesauce 100

K/L

Kartoffelspalten mit roten Zwiebeln 118
Klassische Burger 10
Klassische Burger-Buns 106

Kokosnuss-Salat ● 114
Kürbis-Buns, gelbe 108
Lachs-Pancake-Burger 54
Lammburger 28

M/N

Maismehl-Buns mit Peperoni ● 102
Mini-Jakobsmuschel-Burger im Pinien-Scone. 62
Monte-Carlo-Burger. 22
Nudel-Teriyaki-Hühnchen-Burger 38

O/P

Onion Rings. 120
Oopsie Buns mit Spicy Pork 20
Orientalische Vollkorn-Brötchen 112
Orientalischer Tahini-Aprikosen-Joghurt 94
Pakora-Burger 80
Pflaumensauce, asiatisch. 96
Portobello-Burger. 70
Pulled Chicken-Burger 40

R/S

Rehburger 30
Röstzwiebel-Mayonnaise. 88
Rote-Bete-Burger 24
Salat aus gegrilltem Gemüse ● 116
Sauerkraut-Kartoffel-Burger mit Räucherlachs. . . . 48
Schweden-Burger. 44
Schweinefilet-Burger 36
Sesambrötchen, feine. 110
Sesamburger (Titelrezept) 18
Sushi-Burger 64
Sweet Potato Fries mit Zitrus-Salz 118

T/V

Tahini-Aprikosen-Joghurt, orientalischer 94
Tandoori-Buns 104
Tex-Mex-Quarterpounder 12
Tofu-Burger im Sesam-French-Toast 76
Tomaten-Salsa ● 98
Vegane Zitronen-Pfeffer-Mayonnaise ● 90
Vollkorn-Brötchen, orientalische 112

W/Z

Weißkohlsalat. 122
Zitronen-Pfeffer-Mayonnaise, vegane 90
Zucchini-Hirse-Frikadellen mit Ziegenkäse-Creme 74

● = vegan

Allgemeine Hinweise

Abkürzungen

EL	=	Esslöffel
TL	=	Teelöffel
Msp.	=	Messerspitze
Pck.	=	Packung/Päckchen
g	=	Gramm
kg	=	Kilogramm
ml	=	Milliliter
l	=	Liter
evtl.	=	eventuell
geh.	=	gehäuft
gem.	=	gemahlen
ger.	=	gerieben
gestr.	=	gestrichen
TK	=	Tiefkühlprodukt
°C	=	Grad Celsius
Ø	=	Durchmesser

Kalorien-/Nährwertangaben

E	=	Eiweiß
F	=	Fett
Kh	=	Kohlenhydrate
kJ	=	Kilojoule
kcal	=	Kilokalorien
BE	=	Broteinheiten

Bei den Nährwertangaben in den Rezepten handelt es sich um auf- bzw. abgerundete ganze Werte. Lediglich die Broteinheiten werden in 0,5er-Schritten mit einer Stelle nach dem Komma angegeben. Aufgrund von ständigen Rohstoffschwankungen und/oder Rezepturveränderungen bei Lebensmitteln, kann es zu Abweichungen kommen. Die Nährwertangaben dienen daher lediglich Ihrer Orientierung und eignen sich nur bedingt für die Berechnung eines Diätplans, zum Beispiel bei Krankheiten wie Diabetes. Bei krankheitsbedingten Diäten richten Sie sich daher bitte nach den Anweisungen Ihres Diätassistenten bzw. Ihres Arztes.

Allgemeine Hinweise zu den Rezepten

Lesen Sie vor der Zubereitung – besser noch vor dem Einkauf – das Rezept einmal vollständig durch. Oft werden Arbeitsabläufe oder -zusammenhänge dann klarer.

Zutatenliste und Arbeitsschritte

Die Zutaten sind in der Reihenfolge ihrer Verarbeitung aufgeführt. Die Arbeitsschritte sind einzeln hervorgehoben, in der Reihenfolge, in der sie von uns ausprobiert wurden.

Zubereitungszeiten

Die Zubereitungszeit ist ein Anhaltswert für die Dauer der Vorbereitung und die eigentliche Zubereitung. Längere Wartezeiten wie Kühl- oder Abkühlzeiten, Auftau- und Durchziehzeiten sind, sofern parallel keine weitere Tätigkeit erfolgt, nicht in der Zubereitungszeit enthalten. Die Garzeiten werden in der Regel gesondert ausgewiesen.

Backofeneinstellung und Garzeiten

Die in den Rezepten angegebenen Gartemperaturen und -zeiten sind Richtwerte, die je nach individueller Hitzeleistung Ihres Backofens über- oder unterschritten werden können.

Die Temperaturangaben in diesem Buch beziehen sich auf Elektrobacköfen. Die Temperatureinstellungsmöglichkeiten für Gasbacköfen variieren je nach Hersteller, sodass wir keine allgemeingültigen Angaben machen können. Bitte beachten Sie deshalb bei der Einstellung des Backofens die Gebrauchsanleitung des Herstellers. Ein Backofenthermometer eignet sich dabei gut, um die Backofentemperatur im Blick zu haben.

Unser Ratgeber- und Servicetelefon

Wünsche und Anregungen sind uns willkommen! Haben Sie Fragen? Benötigen Sie Hilfe bei der Zubereitung der Rezepte oder möchten Sie uns etwas mitteilen? Die Mitarbeiter des Dr. Oetker Verlages und des Verbraucherservices der Dr. Oetker Versuchsküche beantworten Ihre Fragen gern.

Versuchsküche: Tel. 0 08 00 71 72 73 74
Mo.–Fr. 8:00–18:00 Uhr
(gebührenfrei in Deutschland)

Dr. Oetker Verlag: Tel. +49 (0) 521 5206 50
Mo.–Fr. 9:00–15:00 Uhr

Dr. Oetker Verlag KG, Am Bach 11, 33602 Bielefeld, www.oetker-verlag.de
www.facebook.com/Dr. OetkerVerlag   www.oetker.de

Umwelthinweis	Dieses Buch und der Einband wurden auf FSC®-zertifiziertem, chlorfrei gebleichtem Papier gedruckt. Die Einschrumpffolie – zum Schutz vor Verschmutzung – ist aus umweltfreundlichem und recyclingfähigem PE-Material.
Copyright	© 2014 by Dr. Oetker Verlag KG, Bielefeld
Redaktion	Carola Reich, Annette Riesenberg
Texte und Ratgeber	Klaus Schäfer, Bonn
Titelfoto	Thomas Diercks, Hamburg
Innenfotos	Walter Cimbal, Hamburg (S. 11, 29, 61, 99, 111) Fotostudio Diercks, Thomas Diercks, Kai Boxhammer, Christiane Krüger, Hamburg (S. 25, 35, 37, 59,) Janne Peters, Hamburg (S. 5, 8, 9, 13–17, 21, 23, 27, 31, 33, 39–57, 63–97, 101–109, 113–123) Winkler Studios, Bremen (S. 19)
Rezeptentwicklung und Foodstyling	Michaela Pfeiffer, Hamburg (außer S. 10, 18, 24, 28, 34, 36, 58, 60, 98, 110)
Rezeptberatung	Anke Rabler, Berlin
Nährwertberechnungen	Nutri Service, Hennef
Titelgestaltung	küstenwerber, Hamburg
Grafisches Konzept	küstenwerber, Hamburg
Gestaltung und Satz	MDH Haselhorst, Bielefeld
Reproduktionen	Longo AG, Bozen, Italien
Druck und Bindung	Firmengruppe APPL, aprinta druck, Wemding

MIX
Papier aus verantwortungsvollen Quellen
FSC® C004592

ISBN: 978-3-7670-0670-6